母に学ぶ

家族介護の心得と作法13カ条

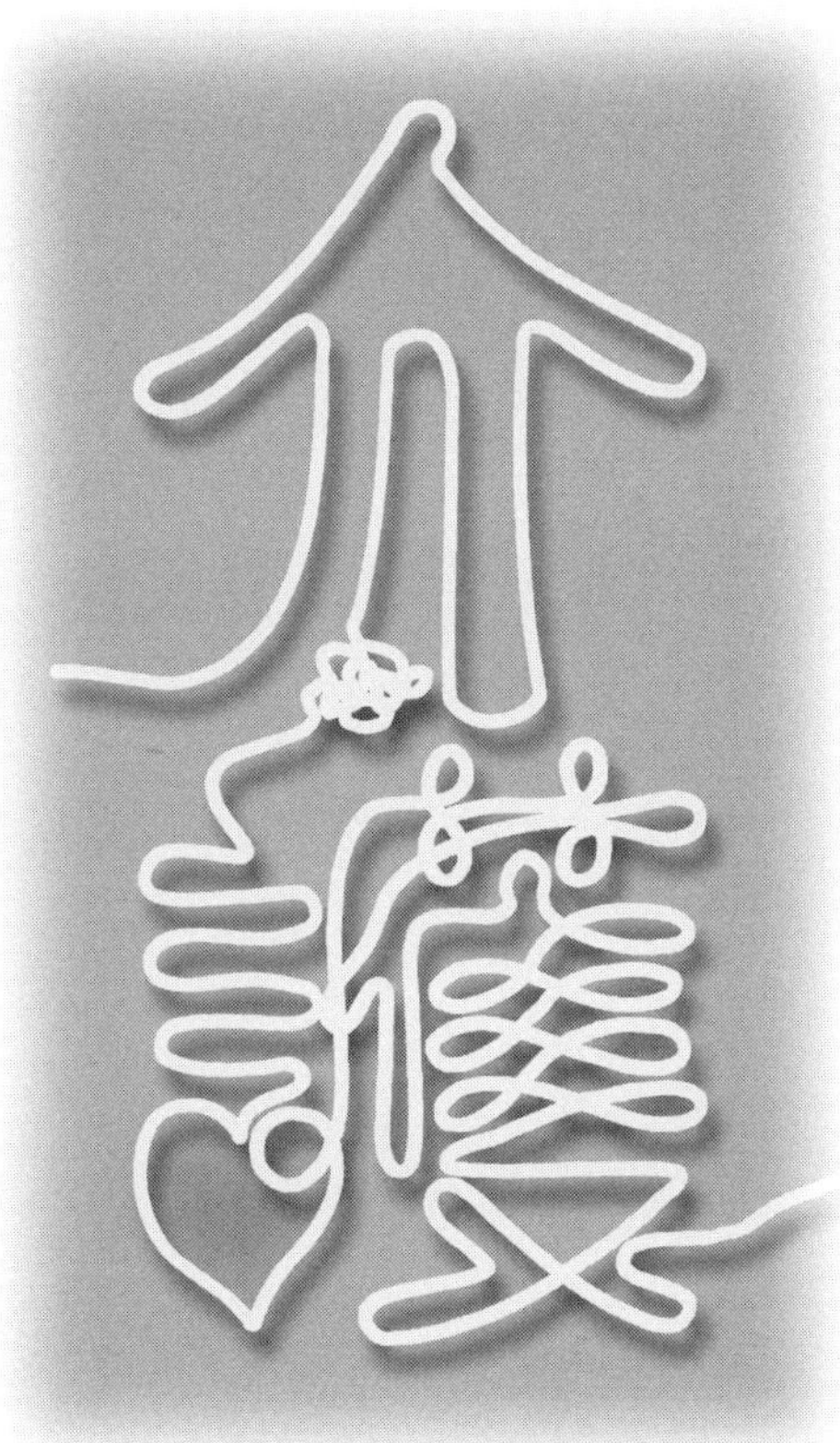

FUJIHARA Akiko

藤腹明子

青海社

まえがき

長年、看護教育の仕事に携わっていましたが、定年を待たずして現役を退き十数年になります。仕事を辞めて生家に戻った理由には、母の介護のことがありました。そのころの母は、身の回りのことは自分でできていたように思いますが、父はすでに他界しており、家では母と弟の二人暮らしでした。仕事に就いている弟に高齢者の母の面倒を見させることは厳しく、退職して家に戻ることにしました。いわゆる「介護離職」です。その後、定年退職をした弟と二人で、在宅で母の介護をしてきました。その母も昨年五月、九六歳と四六日の生涯を終えました。

在宅介護を通じて、感じたこと、考えさせられたことはたくさんあります。幸い、看護教育の仕事に長く携わっていたこともあり、看護の知識や技術は介護を実践するうえで役立ちました。しかし、専門的な知識や技術を身につけずして、日々介護をすることは、一般の人にとってはとても大変なことだと思います。介護を実践していて感じたことは、たとえば、「家族の介護が原因で病気になったり、倒れる人もあるのではないか」「介護うつになる人もいるのではないか」「家族を介護していて、ときに、虐待をしそうな思いに駆られ罪悪感を抱く人もいるのではないか」「現実から逃避したいと思う人もあるのではないか」「介護を通じて家族間の人間関係に問題が生じている人もあるのではないか」などです。挙げれば切りがありませんが、家族介護の真っただ中で奮闘し、このようなことに悩んでいる人も少なくないのではないでしょうか。

一方では、家族の介護のことなど現実味を帯びず、視野に入っていない人もあるかもしれません。しかし、家族の誰かを介護し、いつか自身も介護される立場になり得るということは、他人ごとではありません。その日のために、平生から介護について考えておくことは大切なことです。

そこで、現在ただ今、家族介護の真っただ中で奮闘している人のために、いつか介護を実践することになるかもしれない人のために、そしていつか介護される立場になるかもしれない人のために、母の介護体験を通じて実感したこと、考えたこと、良かったこと、困ったこと、反省させられたことなどを13カ条にまとめました。お役に立てばうれしく思います。

ところで、私は小学生のころから日曜学校に通い、大学では仏教を学び、また、いくつかの新しい宗教の教えにも触れる機会がありました。それら宗教の教えは、自身の人生観、死生観、価値観、生命観、健康観、看護観、介護観等に深くかかわってきています。本書の内容にもそのような宗教を基としたさまざまな価値観が、影響しているかと思います。とりわけ、介護を実践するうえで、仏教の教えに力を与えられました。宗教に対しては違和感や嫌悪感をいだく人もあるかもしれませんが、その点はご容赦いただけるとありがたく思います。

母に学ぶ

家族介護の心得と作法13カ条・目次

第1章

介護に仏教の教えを取り入れたわけ

家族介護の心得と作法について

母に対する介護の実際を通じて感じたこと、考えさせられたこと、よかったこと、うれしかったこと、困ったこと、反省させられたこと、学んだことなどを、家族介護の心得と作法として13カ条にまとめました。〝心得〟とは介護を実践するうえで承知しておくこと、たしなみとして、〝作法〟とは介護の具体的な立ち居振る舞い方の意味合いで用いています。

母は実母であり同居家族の一員でした。私たちは一般に、一生を通じて二つの家族に属します。その一つは自分が生まれ育った「定位家族」であり、もう一つは自ら配偶者を得て築く「生殖家族」です。私の場合は前者の家族になりますが、家族を介護する場合には、その両者の家族が対象となります。

ところで、家族のとらえ方も時代の流れのなかで変わってきました。家族とは、夫婦、親子、きょうだいなど血縁関係者を中心に構成されていて、共に生活する集団であるというとらえ方が一般的ですが、家族の形態や家族像、家族のつながりも次第に変化してきました。たとえば、血のつながらない者同士の所帯、結婚という形をとらないで同居している人、結婚して別居している人、片親家族の人、夫婦だけの世帯の人など、さまざまな家族の形態があります。自分がどのような家族形態やつながりのなかで生活していようと、その家族を介護し、介護されることを前提として「家族介護」という言葉を使いたいと思います。

多少、看護師としての経験があるが故に、家族の介護を実践するうえでそのことが助けとなりました。たとえば、自力で排便できない母の摘便（肛門から指を入れて直腸内に溜まっている便をかき出す処置）をしたり、陰部を清潔にしたり、自分の腰を痛めないようにしながら母の体を移動させたり、寝巻きを着替えさせたりすることなどです。時おり、看護に対する知識をもち得ない人が、家族の介護をすることになったら「こんなときどうされるのかしら、戸惑われるだろうな」と、思いながら介護をすることがありました。

また、母の介護を通じて実感したことは、その延長線上には看取り・葬送があり、介護は人間のいのちの〝生老病死〟そのものへのかかわりであるということでした。介護や看取りにかかわっていると、「人間はなぜこんな状態・状況になってまで、他人の世話になりながら生きていかねばならないのか」「この世に生を享ける意味とは何なのか」「人間は何のために生きるのだろうか」ということと対峙させられます。介護される母から「もう嫌、早く逝きたい」、「あなたも私が早く死んでほしいと思っているのでしょ」、と投げかけられたこともありました。

また、介護に疲れたときなど、「いつまでこのような介護が続くのだろう」「介護が必要な母を残して、自分の方が先に逝くようなことになったらどうしよう」という思いが湧いてきて不安になることもありました。十数年にわたる母への介護を通じて、「いのちの生老病死」をめぐるさまざまなことがらに対峙させられました。時には、「癒し」や「救い」を求めたくなりました。

家族介護においては、素人である家族が中心となって、介護を実践しなければなりません。ここでは、現在、家族介護の真っただ中で奮闘している方、いつか介護を実践することになるかもしれない方、さらにはいつか介護をされる立場になるかもしれない方たちのことを視野に入れ、母の介護を通じて学んだことを〝心得〟と〝作法〟としてまとめました。

「家族介護」の心得と作法に仏教の教えを取り入れた理由

家族介護の心得と作法を考えるに際し、仏教の教えを意識しました。「なぜなの?」と思う方もあるでしょう。先にも述べましたが、介護や看取りを実践していると、時に癒しや救いを求めたくなることがあります。また、いのち(生命)のこと、この世に生を享ける意味、生きる目的、死後のことなど、いのち(生命)の生老病死に対峙せざるを得なくなります。これらのことに対する示唆がほしかったのです。科学的知識にその答えを求めることはできません。ついては、それを仏教の教え、智慧を通じて考えてみることにしました。

日本人は、仏教文化圏で育まれてきました。仏教は意識するしないにかかわらず、われわれの日常生活のなかに溶け込んでいるものが多くあります。たとえば、お葬式や法事、お盆のお墓参り、大晦日の除夜の鐘、初詣、亡き人の命日にお仏壇に手を合わせること、などです。また、日常生活のなかでも、仏教に由来する言葉をたくさん使っています。たとえば、介護にも関連してくる「安心」「安楽」「看病」をはじめ、「挨拶」「無事」「有難い」「工夫」「機嫌」「達者」「相続」等々、挙げればきりがありません。日本の文化や日常生活の根底には仏教があるといってもいいでしょう。

ヨーロッパにおける看護の出発点がキリスト教精神を基としてきたように、日本の看護も大陸から渡来した仏教の精神から出発しています。日本の看護の歴史は仏教を抜きにしては語れないといってもいいでしょうし、仏教の精神である慈悲の心を基として、病人や貧しい人びとの世話をすることから始まっています。仏教が、人間の「いのち」、いのちの「生老病死」、人間本来の「生き方や幸せ」を考えてきた世界を有しているならば、その仏教が教えるところの理念、智慧、方法論を取り入れた「介護」を考えることも可能です。なぜならば「介護」と「看護」は重なる世界を有しているからです。介護の在りようにも、仏教の教えや智慧は示唆を与えてくれるに違いありません。

「宗教」に対するこんなこと、あんなこと

「宗教」と聞いただけで、その文字を見ただけで、拒否的反応を示す方もあるかもしれません。気になる統計があります。二〇一二年十二月のピュー・リサーチ・センターが発表した世界の宗教動向に関する調査によれば、キリスト教、イスラム教に続き、「無宗教」の人口が三番目に多かったことがわかりました。確立された宗教を信仰しない「無宗教」の人口は一一億人で、そのうち六割以上が中国に住んでいる人のようですが、日本は人口の半数以上に当たる約七千二百万人が無宗教で、中国の次に多かったようです。人口比では国民の五七%で、共産国家である中国の五二%を上回っています。また、同センターが二〇一九年に報告した「宗教人口の動静」によると、日本の「宗教の社会的役割に対する関心」は最も低かったそうです(1)。

仏教の教えはわれわれ日本人の生活の中に根付き溶け込んでいると書いたものの、このような統計を見ると少し戸惑いを覚えます。一方で、「日本の宗教団体の信徒数を合計すると、全人口の2倍になってしまう」ということを聞いたこともあります。また、子どもが生まれるとお宮参りをし、結婚式はキリスト教の教会で、初詣はお宮さんやお寺で、そしてお葬式は仏式で執り行う日本人も、案外、多いのではないでしょうか。二〇一三年は伊勢神宮の式年遷宮の年でした

が、一千三百万人を超える人がお参りに行ったといわれています。最近では、日本の宗教行事のみならず、クリスマスに加えてスコットランド・アイルランドに起源を持つアメリカ伝来のハロウィンまで祝う人が増えています。宗教嫌いの割には、宗教行事を楽しみ、熱心な人が多いのかもしれません。海外の人には理解しがたい宗教観かもしれません。

日本人は少々「宗教音痴」なところがあり、宗教に対して食わず嫌いなところがあるように感じられます。あるいは、日本人独特の宗教観があるのかもしれません。かつて、一般の大学や看護系の学科を有する大学で「ターミナルケア論」の講義をしていたことがあります。末期にある患者さんや家族の看護を考えるうえで、スピリチュアルなことに関連して、宗教的なことを取り上げるのは当然のことなのですが、講義のなかで宗教的なことがらに触れると、わずかですが批判や拒否的反応を示す学生もいました。看護者の研修会などでも同じようなことがありました。こちらの取り上げ方にも問題があったのかもしれませんが、そのような反応には、宗教的なことに対する拒否感、無知、無関心、ある種の怖さのような感情がない交ぜになっているようにも感じられました。それは家庭や学校教育において宗教の概念を学ぶ機会がなく、宗教に対する向き合い方が身についていないことから生じる反応・態度だったのかもしれません。

なかには、宗教の概念すら知らずして、「自分は無神論者」だという人もいましたが、それでは、世界の本当の無神論者から嫌味を言われることでしょう。なぜならば、彼らは徹底的に宗教に向き合い、取り組み、学び、その結果、神が存在しないことを主張する人たちだからです。無神論は思想でもあります。日本人の場合は、特定の宗教には属しておらず、宗教的主張もないけれども神の存在を必ずしも否定するものではないという考え方において、「無宗教」の立場を取る人が多いのかもしれません。個人的には、長年の看護や介護経験を通じ、宗教の教えはいのちを巡るいろんな問題に対する解決のヒントを与えてくれ、疑問にも答えてくれるものであり、よい人間関係を築くうえでも大切なものであることを実感しています。ついては、折にふれて仏教の教えを引用しました。一度、その教えに触れてみていただければうれしく思います。

【引用文献】

（1）　日本の無宗教人口に関しては、(http://agora-web.jp/archives/1589719.html)、日本の「宗教の社会的役割に対する関心」については（http://www.kirishin.com/2019/04/24/24631）にアクセスして宗教に関連する項目の調査結果内容を参照した。

第2章

家族介護の心得と作法13カ条

第1カ条
介護についての基本的知識、会得しておくこと大事なり

母の介護が始まる前は、正直、介護について考えることはなく、関連する基礎的知識も不十分でした。介護実践を通じて感じたことは、事前に介護に関連する知識を会得していたならば、よりスムーズに必要な諸手続きをとり、介護に関連するサービスを利用できたのではないかということです。ここでは、介護に関する基礎的知識に関すること、介護サービスを利用するうえで知っておくべきことなどについて取り上げます。

そもそも「介護」とは何か

素人が行う介護

介護にも素人が行う介護と専門家が行う介護があります。前者は「病人などを介抱し世話すること」（三省堂『大辞林』）、「病人や老人を、日常生活の身体的困難などに対して補助したり、看護すること」（小学館『国語大辞典』）ととらえていいでしょう。看護が「けが人・病人を介抱し、世話すること。看病」（『岩波国語辞典』）と定義されるので、素人が家庭で行う介護と看護の内容とは重ねて考えることができます。

介護は看護と同様に有史以来の人間の営みの一つであり、日常生活における基本となる行為のように思います。一般的に家庭において家族が行っている介護や看護は、それらに関する専門的知識や技術を身につけずして行っているものです。なかには、介護に関する本を読み、必要な知識や技術を会得して実践している人もいるかもしれませんが、たいていは、常識として身につけ、経験していることを活かしながらの介護のように思います。人間に「生老病死」といういのち（生命）の営みがある以上、「介護」や「看護」は、時代、国、人種、場所を問わず行われているものであり、生活の一部であり、人びとのかかわりそのものであるように思います。

専門家が行う介護

素人が行う介護に対して、必要な知識や技術を身につけた専門家が行う介護があります。介護を専門として行う職種があるということです。介護の専門職に就く人たちは、介護に必要なさまざまな教育カリキュラムを受講し、いろいろな資格を得ています。介護の資格は、比較的短期間でとれるものから、難易度の高い国家資格までさまざまです。たとえば、専門家として介護を実践する「介護福祉士」は、一九八七年に職業として国家資格化されています。また「介護支援専門員」は、介護保険法において要支援・要介護認定を受けた人からの相談を受け、居宅サービス計画を作成し、他の介護サービス事業者との連絡、調整等を取りまとめる人のことで、通称ケアマネージャーと言われています。比較的短期間で介護の資格をとるための介護職員初任者研修、実務者研修もあります。前者は、はじめて介護の仕事を目指す人向けのもので、介護の基礎から応用までを学ぶ事ができる講座です。後者は、より実践的な知識と技術の修得を目的とした講座で、介護の専門家としての技術の向上をめざすものです。

最近では、家庭内での介護に生かせる知識や技術を得る目的で受講する人も増えているようです。わが国においては、急速な高齢化に伴って介護の社会化が一気に進み、より身近な用語として認識されてきています。高齢化に伴って介護を必要とする人は増えており、家族だけで介護を支えるには限界があり、困難な状況も生じています。

介護保険の介護サービスとは

急速な高齢化に伴い、二〇〇〇年四月に介護保険制度がスタートしました。「介護保険」とは、介護を事由として支給される保険のことですが、介護保険制度という仕組みにおいて、自分の老後や家族を介護することになった場合にサポートしてくれるものです。四〇歳以上の国民全てを被保険者とし、保険料を納め、被保険者が要介護・要支援状態になったときに手続きをし、認定されるとサービスを受けることができます。「要介護」とは、寝たきりや認知症などのために常時介護を必要とする状態で、「要支援」とは、要介護状態となるおそれがあり、家事や身支度等の日常生活に支援が必要な状態を意味します。

法令では、この介護保険制度における被保険者は、①市町村の区域内に住所を有する六五歳以上の者（第1号被保険者）、②市町村の区域内に住所を有する四〇歳以上六五歳未満の医療保険加入者（第2号被保険者）となっていて、六五歳以上の者は原因を問わず支援や介護が必要と認定された場合に、サービスを利用できます。四〇～六四歳の者は医療保険に加入していて、初老期における認知症や脳血管疾患などの老化による疾病（介護保険法で特定疾病が定められています）が原因で要支援・要介護状態になった場合にサービスを利用できます。審査・判定を受ける必要があり、そこで認定されなければ介護保険サービスを受けることはできません。

介護サービスを利用する手順について

家庭において、介護を必要とする人の日常生活を支えていると、いろいろな側面の問題が生じます。介護を受ける人の状態によっても異なりますが、たとえば、具体的な世話の方法が分からなかったり、相手の必要としていることが理解できなかったり、世話をする際に苦痛を訴えられたり、床ずれができてしまったり、尿失禁が起こったり、あるいは介護者のほうが身体的に疲れたり、眠れなくなったり、気分が落ち込んだりするなどの問題です。そのような場合には、介護サービスを利用することが可能となります。

家族間で話し合い、介護サービスを利用しようということになれば、まず市区町村の担当窓口に行って「要介護認定」の申請をする必要があります。申請は本人またはその家族が行いますが、成年後見人、地域包括支援センター、居宅介護支援事業所、介護保険施設などに代行してもらうこともできます。申請に必要なものは「要介護・要支援認定申請書」「介護保険被保険者証」「健康保険被保険者証（第2号被保険者の場合）」です。

申請の後、要介護認定の調査が行われます。市区町村の職員が申請者の自宅を訪問し、介護を必要とする本人の心身の状態や日常生活動作を調べ、家族にも聞き取り調査を行います。あわせて本人の主治医に、心身の状況についての医学的視点からの意見書を作成してもらいます。主治医がいない場合には市区町村の指定した医師が診断し作成します。そして、それらの調査結果と主治医の意見書をもとに、保健、医療、福祉の専門家たちによる「介護認定審査会」において、介護を必要とする度合いである「要介護状態区分」が判定されます。その認定結果は、原則として申請から三〇日以内に、市区町村から届けられる認定通知書と、結果が記載された保険証でわかります。なかには、非該当となる場合もあります。

要介護状態区分は、介護予防サービス、介護予防支援、地域密着型介護予防サービスを利用できる「要支援１」「要支援２」と、居宅サービス、施設サービス、地域密着型サービスを利用できる「要介護１」「要介護２」「要介護３」「要介護４」「要介護５」に区分されています。介護区分の数字が大きいほど要介護度の程度が高くなっています。たとえば、要介護１の場合は、日常生活を送るのに必要な能力が低下し、部分的な介護が必要な状態であるのに対して、要介護５の場合は、介護なしには日常生活を送ることがほぼ不可能な状態です。

要介護認定を受けた人は、居宅サービス、施設サービス、地域密着型サービスのいずれかを選択することになります。この本では家族介護について取り上げていますので、主に居宅サービスの内容になっています。居宅サービスの場合、居宅介護支援事業所を選んでケアマネージャー（介護支援専門員）に依頼し、利用するサービスを選択し、介護サービス計画（ケアプラン）を作成してもらいます。サービスの具体的内容が決まったら、その事業者と契約し、サービスが開始されます。認定の有効期間は原則六ヵ月ですが、市町村が介護認定審査会の意見に基づいて特に必要と認める場合には、三ヵ月から十二ヵ月の範囲内で定めることになっています。更新認定の場合は十二ヵ月です。介護が必要な程度に変化がない場合は更新の申請手続きをし、変化があった場合には認定の変更申請をすることになります。

介護保険適用サービスにはどんな種類があるのか

介護保険の適用となるサービスにはさまざまな種類があります。まず、サービスの大枠として、要介護1～5と認定された人が利用できるサービス（介護給付）と、要支援1～2と認定された人が利用できるサービス（予防給付）に分けることができます。介護給付は、「寝たきりや認知症などのために常時介護を必要とする要介護状態の人を対象としたサービス」であり、予防給付とは「要介護状態となるおそれがあり、家事や身支度等の日常生活に支援が必要な状態の人を対象としたサービス」です。また、介護保険適用サービスは、各都道府県が指定・監督を行なうサービスと、市町村が指定・監督を行なうサービスに区別できます。

これら両者に共通するサービスを、項目ごとに挙げるとするならば「居宅サービス」「施設サービス」「地域密着型サービス」「その他」のサービスになるかと思います。もう少しイメージしやすくサービスの種類を分けるならば、利用者の状態・状況に応じて、「施設に通所して利用するサービス」「訪問を受けて利用するサービス」「短期間入所するサービス」「通い・訪問・泊まりを組み合わせて受けるサービス」「居宅に近い暮らしをするためのサービス」「居宅での暮らしを支えてくれるサービス」、そして「施設サービス」というようになるかもしれません。

居宅サービスの種類

介護保険制度における居宅サービスは、要介護・要支援者が自宅に居ながら提供を受けられる介護サービスです。大きくは「訪問サービス」「通所サービス」「短期入所サービス」「その他」に分けられます。

「訪問サービス」

訪問サービスは、自宅で暮らす要介護者・要支援者を訪問して提供されるサービスで、訪問介護、訪問入浴介護、訪問看護、訪問リハビリテーションがあります。訪問介護は、ホームヘルパーが居宅を訪問し、入浴・排せつ・食事等の介助や、買い物、調理、掃除などの生活援助を行います。訪問入浴介護は、介護士や看護師等が居宅に訪問し、移動式浴槽を用いて入浴の介護を行うサービスであり、訪問リハビリテーションは、専門家が利用者の居宅に訪問し、生活行為を向上させるためのリハビリテーションの指導や支援を行うものです。また、訪問看護は、病院や訪問看護ステーションの看護師等が利用者の居宅を訪問して、医師の指示に基づく療養上の世話や診療の補助を行うサービスです。

「通所サービス」

通所サービスは、自宅から通ってきた要介護者・要支援者を施設に受け入れ提供するサービスです。具体的なサービスの種類としては「通所介護」と「通所リハビリテーション」があります。通所介護は、老人デイサービスセンター等において、入浴、排せつ、食事等の介護、生活等に関する相談・助言・世話、機能訓練等を行うサービスであり、通所リハビリテーションは、リハビリテーションを要する要介護者等に対して、介護老人保健施設や病院等において必要なリハビリテーションを行うサービスです。

「短期入所サービス」

短期入所サービスは、要介護者・要支援者を一定期間施設に受け入れて提供するサービスです。具体的なサービスの種類としては、「短期入所生活介護」「短期入所療養介護」があります。短期入所生活／療養介護は、利用者が施設等に短期間入所し、その施設で日常生活の世話や訓練が行われるサービスです。

「その他のサービス」

その他のサービスには、有料老人ホームやケアハウスなどに入居している対象向けのサービスと、自宅で暮らす対象向けのサービスがあります。前者には「特定施設入居者生活介護」があり、後者には「福祉用具貸与」「特定福祉用具販売」「住宅改修費支給」サービスがあります。また両者に共通するサービスとして「居宅療養管理指導」と「居宅介護支援」があります。居宅療養管理指導は、医師・歯科医師・薬剤師・管理栄養士等が、通院が困難な要介護者等に対して居宅を訪問し、療養上の管理や指導を行なうサービスであり、居宅介護支援は、在宅の要介護者等の依頼を受けて、在宅介護サービスを適切に利用できるように便宜の提供や調整を行うサービスです。

「福祉用具貸与」「特定福祉用具販売」は、いずれも居宅での暮らしを支えるサービスです。福祉用具貸与とは介護者の負担を減らし、利用者の自立を援助するサービスの事で、たとえば、車いす、特殊寝台、特殊寝台付属品（ベッド柵など）、歩行器などの福祉用具を安価で利用できるものです。福祉用具貸与では、介護保険で貸与が可能な品目が決められており、要介護度によっても貸与が可能な品目が分けられています。

特定福祉用具販売とは、簡単に言えば所定の福祉用具購入費の支給制度のことです。要介護者が、福祉用具のうち、入浴や排せつ関連、その他の特定福祉用具を介護保険を利用して購入することができるサービスです。たとえば、腰かけ便座、特殊尿器、入浴補助用具など、購入費用の合計が同一年度内で十万円に達するまでは購入費の支給が受けられます。利用者の負担は一割です。住宅改修費支給は、利用者の自宅に、手すりの取り付けや段差解消等の住宅改修をした際、利用者負担割合に応じて、費用が支給されるサービスです。

施設サービス／地域密着型サービスの種類

参考までに、施設サービスと地域密着型サービスの種類について記しておきます。介護保険施設における施設サービスには「介護老人福祉施設」「介護老人保健施設」「介護医療院」「介護療養型医療施設」があります。介護老人福祉施設とは特別養護老人ホームのことで、寝たきりや認知症のために常時介護を必要とする人で、自宅での生活が困難な人に生活全般の介護を行う施設です。介護老人保健施設は、病状が安定期にあり入院治療の必要はないが、看護、介護、リハビリを必要とする要介護状態の高齢者を対象に、慢性期医療と機能訓練によって在宅への復帰を目指す施設です。介護医療院は、主として長期にわたり療養が必要である要介護者に対し、療養上の管理、看護、医学的管理の下における介護および機能訓練その他必要な医療ならびに日常生活上の世話を行う施設です。最後の介護療養型医療施設は、脳卒中や心臓病などの急性期の治療が終わり、病状が安定期にある要介護高齢者のための長期療養施設であり、療養病床や老人性認知症疾患療養病床が該当します（『国民衛生の動向』第六六巻第九号、通巻第一〇三六号、二五一頁、表６の内容を引用）。施設サービスは、要介護１から５の人が利用できます。

地域密着型サービスは、市町村が指定・監督を行うサービスで、高齢者が住み慣れた地域での生活を続けられるように、支援してくれるサービスです。訪問・通所型サービス、認知症対応型サービス、施設・特定施設型サービスなどがあります。たとえば、二十四時間安心して在宅生活が送れるよう、巡回訪問や通報により居宅を訪問し、介護や緊急時の対応を行ってくれたり、認知症の要介護者に対しては、買い物や掃除などの生活支援やケアを提供してくれます。そのほかにもいろいろな地域密着型サービスがあります。

このように、介護を必要としている人の状態、状況に応じていろいろな介護サービスを受けることができます。サービスの種類が多く、その全部を理解し記憶することは難しいようです。介護が必要となった場合、居宅介護支援事業者のケアマネージャーに介護サービス計画（ケアプラン）を作成してもらう際に、あらためてサービスに関する情報を提供してもらい、説明を受け、理解し、取り入れていけばいいと思います。

居宅介護サービスの費用

ケアプランにもとづいた居宅介護サービス費は、サービスの種類ごとに設けられた基準額の九割（所得により七割または八割）となっています。また、介護保険で利用できる額には上限があり、要介護状態区分に応じて利用できる上限額が決められています。上限を超えてサービスを利用する場合には、その限度額の九割のみが支給され、超えた額は全額利用者の負担となります。

衛生材料支給事業について

この事業は、寝たきりの高齢者等に、紙おむつ等の費用の一部として利用できる「紙おむつ等支給券」を交付するものです。私が住んでいる地域では、申請書に必要事項を記入し、高齢福祉介護課に提出し審査に通れば、最大で六ヵ月相当の二万七千円（四千五百円×六枚）の支給券が交付されました。交換できるものは、紙おむつ、おむつパッド、おむつカバーです。ただし、「紙おむつ等支給券」を申請するにあたっては、いくつかの要件を満たす必要があります。たとえば、申請時点で、介護保険法による要介護3・4・5の認定を受けた者で、申請日前六ヵ月のうち三ヵ月以上在宅で生活しており、申請時に在宅で生活していて常におむつを使用している者であること、所得税非課税世帯に属し、市税、介護保険料、国民健康保険料、後期高齢者医療保険料を完納していることも要件となっていました。また、役所の窓口に行けば、一年に一度、利用した後の紙おむつを廃棄するための専用のビニール袋を交付してもらえます。

衛生材料支給事業とは異なりますが、要介護4・5の認定を受けている者で、一定の条件に該当する場合は、年に二回、訪問理美容サービス事業を利用できます。これらの事業については、都道府県、地域によって若干の条件や内容の違い、場合によっては実施していないものもあるかもしれないため、役所の高齢福祉介護課で確認をする必要があります。

かつて、「介護」という用語をインターネットで調べた際、関連用語の数には目を見張るものがありました。それほどに介護に関連する情報量は多く、新聞、書籍、雑誌等を通じても、必要なものを入手できます。関心のある情報、目に留まった記事などを切り抜いてファイリングしたり、メモしておくといいでしょう。役所に行った際には、関連のパンフレットをもらっておくのもいいかと思います。普段から、介護に関連する情報を収集し、知識として持っておくことは、実際に家族介護が必要になった場合に大いに役立ちます。

第2カ条
介護の基《もとい》はセーバー、ウパスターナ、共語《ぐうご》にあり

一般の人が家庭において行う「介護」は、家族の誰かが年老いたり、病を得て日常生活に支障を来たすようになった場合、補助したり、世話をしたり、介抱したりすることです。簡単に言えば、日常生活を営むのに不都合のあるひとの生活を支え、整えることです。このような介護の原点が「セーバー」・「ウパスターナ」・「共語」という言葉の意味合いに重なるように思います。

「介護」と「ケア」

「ケア care」という言葉はもともと英語ですが、医療・看護の場のみならずいろいろな領域で使われています。この言葉は、すでに日本語としても定着しているようです。英語の辞書にはその意味として「世話、保護、管理、用心、注意、配慮」などが挙げられていますが、「介護」を英語でいう場合も「ケア」でいいようです。たとえば、「高齢者介護」だと、elder care となります。私たちは、このケアのつく用語をいろいろな場で使っています。たとえば、ターミナルケア、在宅ケア、ホスピスケア、ケアマネージャー、身体的ケア、こころのケア、高齢者ケア、ヘア・ケア、スキン・ケア、美術品のケア、などがあり、ケアの対象は人物だけとは限りません。

なぜ介護の原点が「セーバー」・「ウパスターナ」・「共語」なのか

「介護」にも重なる「ケア」本来の意味について、仏教的な視点から見てみたいと思います。ケアの日本語訳の一つである「世話」は、サンスクリット語のセーバー（sevā）からきた言葉であり、サービスの語源でもあるといわれています。サンスクリット語は古代インドの標準的な文章語であり梵語のことです。仏教用語中に使われています。このセーバーには「親近」という意があり、親しみをもって相手に近づくという原意があります。介護という行為が老人や病人への世話そのものであると考えるならば、介護の第一歩は「介護を必要としている人に対して親しみをもって近づいていくことである」と考えられます。

「ウパスターナ（upasthāna）」もサンスクリット語です。ウパスターナには、「近くに立つこと」「傍らに立つこと」の原意があり、転じて「奉仕」「給仕」「看護」などを表す用語となっています。介護も看護の原意に重ねて考えるならば、先ずは相手に対して親しみをもって近づいていき、そして相手の「傍らに立つこと」が求められます。傍らに立つことなく、介護を実践し、相手との人間関係を築くことはできません。

さらに、仏教でいう「共語」とは、共に語ること、話し合うことです。つまり、対話です。対話は相手との人間関係の基となるものです。介護を実践する際に、相手に対して親しみをもって近づき、相手の傍らに立ったならば、次に対話が求められます。相手との対話なくして介護は始まりません。なかにはコトバの障害がある人、器械を使っていて会話ができない人もありますが、そのような状況であっても、何らかの手段を通じて相手との対話が必要になります。母の介護を通じて、これらセーバー、ウパスターナ、共語の原意、意味合いが、介護の基、原点であることを実感しました。

介護の実際からの反省と学び

言うは易く行うは難し

「介護の基はセーバー、ウパスターナ、共語にあり」ということを頭でわかっていても、「言うは易く行うは難し」という場面を数多く体験しました。介護がはじまった当初から、母は自分から求めること以外は、家族からの働きかけに対して素直に応じることはなく、否定的な態度をとりました。たとえば、「寝巻きや下着を着替えること」「体を拭くこと」「髪を洗うこと」「足を洗うこと」「シーツを換えること」などをしようとしても、「それはあなたが、そうしたいだけでしょ。でも私は必要としない」「してほしいときは自分のほうから言うから」と言って拒むのです。無理強いをすれば、いつも口げんかになりました。認知症が見られるようになると、気に入らないと大声を出して拒否することもあり、近所に声が聞こえるのではないかとハラハラしながら介護をすることもありました。夜間など、あまりの声の大きさに、時には口にタオルを押し当てたこともあります。また、下着や寝巻きの交換を拒むときには、衣類の一部をわざと濡らし「あっ、お母さん、パジャマが濡れている」と言って着替えさせたこともあります。

このように、相手の「ニーズ」・「快、不快」と介護者側の考えるそれらが一致せず、介護や介助ができないことが日常的に生じました。そんなときは、頭でわかっていても、腹が立って母の側に行きたくなく、傍に居りたくなく、やさしい言葉をかけることはできませんでした。認知症のみられる高齢者と同じ土俵に立ってものを考えてはいけないことぐらいわかっているつもりでも、できないのです。おそらく、介護する際に、同じようなことを体験している人もあるのではないでしょうか。

相手が介護を拒否するには必ず理由がある

では、介護する相手のところに行きたくなくなったとき、傍らにいるのも、相手と対話するのも嫌になったときにはどうすればいいのでしょうか。やはり、相手が拒否的な態度をとる場合には、必ずその理由、原因があるはずです。人が怒るときも、必ず理由があります。おそらく、母には母なりの拒否する理由があったのだと思います。先ずは、その理由を考えてみることが大事です。母は清潔を維持するためのさまざまな行為、たとえば、着ているものを脱がされたり、髪が濡れたり、体を拭かれることがただ単に億劫で、面倒で、嫌だっただけではないかと思います。相手が拒否する内容が生命にかかわるようなことでなければ、まずは相手の希望、要望を受け入れることです。髪を洗わなくても、体を拭かなくても生命にかかわることはありません。ただしそのような状態が長く続くと問題も生じてきます。そのような場合は、専門家の力を借りることが必要になります。

母が要介護5の認定を受けてから、定期的な訪問看護や訪問入浴サービスを受けられるように申請しました。専門的知識・技術を有し、介護や看護を専門とする人たちは、仕事を通じていろいろなケースを経験しています。相談すれば、アドバイスをもらうことができ、家族だけではできなかったことを解決に導いてくれます。

ところで、被介護者が介護を拒否する理由として、介護する側に原因があり、相手の心証を害していることもあります。母の場合も介護する側が端から優しい態度やコトバで接しているような場合には、口げんかにはならず、どこかで折り合いがつき、最初は拒否していても受け入れてくれることがありました。相手のことを思い、関心をもって近づき、傍らにあって対話する場合と、義務的に近づき、他のことを考えながら対話する場合とでは、たいていの人はその違いがわかります。認知症が進んできてからの母も、その違いはわかるようでした。少し、こちらの意図的演技も入っていたかと思いますが、着替えてほしいときに、母に向かって「お母さん、お願い。どうか寝巻きを着替えさえて」と言って頭を下げたことがあります。そういう場合は、必要以上に拒まないこともありました。

また、母の認知症がさほど進んでおらず、少しずつ介護の必要性が出てきたころは、介護している私に対して「今日は暗く難しい顔をしているわね」とか「何で黙っているの、嫌なことでもあったの」と、話かけてくることがありました。介護される人は介護する側の表情、態度、言葉がけなどをよく見聞きしています。相手に必要以上に気を遣わせないようにすることも大切です。

介護を実践しているときには、相手に対して関心を払い、傍らに居るときにはよそ事を考えず、語りかけながら実践することの大切さを実感しました。しかし、年老いた親のなかには、自分のことしか考えず、相手に要求はしても、介護を拒否したり、されることに感謝できない人もいるかもしれません。そのようなときは、相手に関心を払うことなどできず、腹が立つこともあるでしょう。そのような場合は、淡々と世話をすることで十分だと思います。

介護者も上手に息抜き、手抜きを

介護する側にも自分の日常生活があります。普段の介護において、息抜き、手抜きも必要です。常に介護を必要としている人の傍らに居ることは出来ません。介護される人の状況にもよりますが、傍に居続ける必要もないと思います。ただし、居ることが必要な状況かどうかを判断する力は求められます。それらについては、主治医や訪問看護師などに相談すれば、必要な知識や情報を提供してもらえます。わが家では母が要介護3の認定を受けたころから、夜間は弟と共に母の傍で寝るようにしていましたが、日中はそれぞれの仕事もあり、数時間に一度くらい母の部屋をのぞき、「お腹空いていない?」「おしっこしたい?」「何かしてほしいことはある?」などと声をかけていました。介護の期間は、長く続く場合があります。介護する側も上手に加減しながら疲れないようにしなければなりません。

夜間、一時間置きに排尿介助のために起こされる状況が数カ月続いたことがありますが、正直「もういや、眠い」という思いで介助をしていました。そんなときは、声がけができず、無言で淡々と世話をしていました。排尿の後は、局部にお湯をかけて洗っていましたが、夜間は時に手を抜きました。それはそれでいいのではないかと思います。介護の実際はきれいごとだけでは済みません。

だからこそ、ときどき「介護の基はセーバー、ウパスターナ、共語にあり」を意識することも大切だと感じました。母のことを思いやりながら近づき、傍らに立ち、言葉がけをしながら介護した後に、気持ち良さそうな顔をして「ありがとう」と言われたときのうれしさが忘れられません。母の心地よさが自分の心地よさに重なったとき、幸せを感じました。

家族介護の要注意発言

先に、「介護も上手に息抜き、手抜きを」と書いたのですが、それに関連する興味深い記事（二〇一八年二月二十一日「産経新聞朝刊」）を目にしたので紹介しておきます。記事の見出しは、「高見国生の認知症だより」とありました。介護家族の要注意発言として、１「私は介護でつらい思いをしたことがない」、２「私の人生は○○のためにささげる」、３「私は誰の手も借りずに介護しなければならない」の三つが挙げられていました。

１の発言は、介護者がやや「過剰適応」している場合に多く見られるそうです。こう発言した人が普段からデイサービスを活用し、ショートステイに本人を預けて旅行を楽しんだりしている場合には大丈夫だそうですが、この発言をしたにもかかわらず、自分一人で介護を抱え込み、結果として身体症状（不定愁訴）が多数出ている場合は、心で「つらい」と言わずに体の症状を代弁していると考えるべき、とあります。

そして、もっとも要注意なのは２の「私の人生は○○のためにささげる」という発言だそうです。この発言をした介護家族の三割が、その後半年以内に介護破綻する、とあります。あまりにも熱心に介護しようとするあまり、自分のことを二の次にして人生をささげる、というのは無理があり、介護者自身の人生が七〇％、介護に割くのはせいぜい三〇％に、とあります。

３の「私は誰の手も借りずに介護しなければならない」という発言は、孤立の介護を意味するそうです。介護者は自分一人で介護を続けるうちに「これでいいのか」わからなくなるようです。連携が必要となる発言のようです。

母の介護においてつらい思いもそれなりに体験しました。しかしながら介護をしていて、人生を母のためにささげるとは、ゆめゆめ思ったことはありません。そして、訪問介護、訪問看護、訪問入浴介護など、いろんな方たちの手を借りながら介護を実践しました。要注意発言の三つはクリアしており、介護破綻することはなかったと自負しています。

仏教に、「中道」の教えがあります。中道とは、「真ん中の道」「真ん中の方法」などを意味する言葉で、二つの極端な立場のいずれからも離れた自由な立場や実践のことをいいます。「中」とは、二つのものの中間ではなく、二つのものの対立を離れ、いずれにもとらわれないことであり、「道」は実践・方法をさしています。介護を実践する際にも、「中道」は大切です。両極端にとらわれず、調和のとれた介護実践が求められます。介護に過剰適応すること、熱心すぎること、自分一人でがんばってしまうこと、逆に、介護や介護される人のことに無頓着・無関心すぎることも、中道の教えから外れるものであることを心しておきたいと思います。

第3カ条

介護は布施行そのものなり

「お布施」というと、仏事のときにお坊さんに差し上げる金銭や品物のことを思い浮かべる方が多いと思います。信者が僧に財物を施すことも布施のひとつですが、仏教では布施はとても重要な行いで、親切な行いも布施になります。人が他者に対していつくしみを施し、お互いに助け合い、喜びあうことが布施である、と言ってもいいのかもしれません。長かった母の介護を振り返ってみると、しみじみと「介護は布施行そのものなり」と感じています。ここでは、仏教の教えを通じて「介護は布施行である」と感じた理由について取り上げます。

「布施」という行為について

「布施」という言葉を仏教語辞典（中村元著『広説佛教語大辞典 下巻』東京書籍）で調べてみると、「与えること。他に与えること。ほどこし。喜捨。恵むこと。金や品物を与えることばかりでなく、親切な行いも布施である」とあります。簡単に言えば、布施とは物心両面で相手のために尽くすことです。年老いたり、病を得て、日常生活に身体的支障を来たした人の世話をしたり、介抱したりして生活を支え整えることが介護であるならば、それはまさに布施行そのものです。布施に関連する仏教の教えを二、三取り上げ、介護の本質とその人間関係の在りようについて確認してみたいと思います。

「四無量心《しむりょうしん》」の教えにみる人間関係の基本となる態度

仏教の人間愛の精神は、「慈悲」という言葉に集約することができるようです。慈悲は、元来、他者に利益や安楽を与える慈しみを意味する（慈）と、他者の苦に同情し、これを救済しようとする思いやりを表す（悲）の両語を併挙したものであるとされています。この教えを漢字で表現すると「抜苦与楽《ばっくよらく》」となり、慈悲の基本的な精神であるといわれています。これは介護の本質を意味しているとともに、人間関係の基本となる教えのように思います。もちろん介護される側にも求められるものです。この慈悲の心は、「四無量心」という教えにその本質を見ることができます。この教えは四つの計り知れない利他友愛の心を示すものであり、次の四つの内容を意味しています。

①　慈・相手の苦の状態を見て、何とか楽な状態にしようとすること

②　悲・相手に対して苦の状態を除こうとすること

③　喜・相手が楽になったことを嫉まず喜ぶこと

④　捨・怨念や親しみを捨て、相手に対して平等に利すること

ここに示されている人間関係では、①の「慈」と②の「悲」は自分から相手に向ける意思的、積極的な思い、行為、行動を、そして③の「喜」と④の「捨」は相手の状態、状況に対する自らの心の在りよう、姿勢、態度などを示しているように思います。特に④の「捨」の態度は、すべてのとらわれを捨て、相手に対して平等に関わるなかから生まれる関係です。よりよい介護をしようとすることに、自らも喜びを感じられるような人間関係が大事であるということになるでしょうか。

「四摂事《ししょうじ》」の教えにみる理想的な人間関係

「四摂事」とは、「人びとを救うために、人びとをおさめて守る四つのしかた。人をひきつける四つの手段」（中村元著『広説佛教語大辞典中巻』東京書籍）などの意がありますが、社会生活上、欠くことのできない四つの品性と受け止めていいかと思います。具体的には次のような四段階をさしています。

①　布施・物心両面で相手のために尽くすこと
②　愛語・やさしい愛情のこもったことばをかけること
③　利行・相手のためになる行為をすること
④　同事・相手と同じ立場に立つこと

介護者が介護を実践する際の行為や態度において、この四摂事を心して臨むならば、対象との望ましい人間関係が築けるように思います。この四段階は、宗教的、仏教的な態度・行為であるというよりも、介護を実践するうえで、介護者に求められる基本的な態度であり、社会生活においても大切な行為ではないかと思います。それは、被介護者と介護者のみならず、介護者間同士にも求められるものです。

「無財の七施」の教えにみる人間関係の基本となる行為・行動

『仏教聖典』に次のような「無財の七施」の教えが記されています。つまり、財なき者にもなし得る七種の「布施行」のことです。

① 眼《げん》 施《せ》・人の心がなごやかになるようなやさしいまなざしをもって見ていく
② 和顔施《わげんせ》・心を開いて柔和な笑顔を絶やさないでいる
③ 言《ごん》 施《せ》・人に信頼されるような思いやりのこもったあたたかい言葉をかけていく
④ 身《しん》 施《せ》・身をもって人から敬われ愛されるような行いをなしていく
⑤ 心《しん》 施《せ》・他人や他の存在に対して思いやりの心を差し向けていく
⑥ 床座施《しょうざせ》・人が安らげるような場を整えたり、自分の席を譲っていく
⑦ 房舎施《ぼうしゃせ》・人が泊まる場や休息できる場を施し、もてなしをしていく

これら布施行の教えの内容は、先の四摂事の教えに重なるものがあります。介護を実践する際の人間同士の信頼関係、人間関係はこのような行為、行動、態度があってこそ生まれるのではないかと思います。宗教の教えというよりも、人として家庭や社会の中で相手とのよい人間関係を築き、維持し、生活し、仕事をしていくうえで大切なことです。

介護の実際からの反省と学び

介護は布施行そのものであるということ

先に取り上げた仏教の教えはとてもシンプルで、その一部の教えについては、日々の介護を振り返れば、自然に振る舞えることもありました。実母の介護ということもあったのかもしれませんが、食べること、排せつすること、身体を清潔に保つこと、身体を動かすことなど、基本的な欲求を満たすうえでの介護行為は、当たり前のこととして日々淡々と実践できたように思います。たとえば、「四無量心」の教えにある、「相手の苦の状態を見て、何とか楽な状態にしようとすること」「相手に対して苦の状態を除こうとすること」は介護の目的そのものであり、布施行に重なっています。また、介護行為によって「相手が楽になったことを嫉まず喜ぶこと」もできたように思います。さらに、「四摂事」の教えにある、「物心両面で相手のために尽くすこと」「相手のためになる行為をすること」も同様に、介護が目指すものです。よって、介護行為そのものが「利行」であり、「布施行」そのものであることを実感しました。介護者は介護という行為を通じて、知らず知らずの内に教えを実践させてもらっている、ということになるでしょうか。

介護が布施行から外れるときもある

「相手の反応がその要因となる場合」

介護を実践していて、布施行に関連する教えを自然に振る舞えなくなることもありました。やさしい愛情のこもった言葉をかけること、笑顔を絶やさないでいること、思いやりの心を差し向けることなどができなくなることがあります。どのような場合にそうなるのかというと、一つには、介護の対象である相手の反応がその要因となるように感じました。相手のためになり、心地よくなるのではないかと思われる介護行為であっても、それを相手から拒否されたり、否定され続けると、やさしい言葉をかけることや、愛情をもって介護をすることが次第にできなくなります。

第2カ条でも述べましたが、母は自分の意に沿わない介護行為に対しては、常に拒否的な態度をとりました。介護する側からの働きかけを、受け入れてくれないのです。そのような態度が続くと、介護する方も、「もういいわ、お母さんの好きにしたら」という気持ちになりました。相手は高齢者であり、認知症があることがわかっていても、素直に受け入れられないのが人情です。

そのような場合、介護者はどうすれば介護を「布施」の行為として、自然に振る舞うことができるのでしょうか。先ずは、相手が拒否する原因を探ることです。必ず、拒否する理由があります。それがわかれば対応の方法も見つかるはずです。次に、わが身を相手に置き換えて考えてみるのもいいかと思います。自分が相手の立場だったら、同じ状況になったなら、介護者にどうしてほしいのかを考えてみると、対処・対応への答えが出てくることもあります。一般的には、介護者が「四無量心」や「四摂事」の教えにあるような態度・行為で臨んでいれば、介護を拒否したり、不快に思う人はあまりいないようにも思います。母が介護を拒否する理由のひとつには、介護者側の態度、ことばがけ、立ち居振る舞いにも問題があったのかもしれないと反省しています。

さらに、老いや病が相手にそのような反応・態度・行動をとらせているのだ、と理解することです。老人の特徴や、認知症について認識していれば相手を受け入れられる場合があります。認知症の母上を八年間介護されたエッセイストの安藤和津さんは、インタビューのなかで、「母の醜態・奇行が認知症によるものと判明したとき「『病気だったんだ』と思うと、憑き物が落ちたように楽になるのと同時に、母への申し訳ない気持ちと、母を憎んだ自分への情けなさでいっぱいになったこと」、そして、「昨日まで殺したいとまで憎んだ母に、1秒でも長く生きてほしいと強く思ったのです」と話しておられます。[1] この言葉に心底共感できます。

●「介護者側に問題がある場合」

布施行に関連する教えを自然に振る舞えなくなる二つ目の要因としては、介護者側に心身等の不調や不振がある場合です。たとえば、頭痛・腰痛・胃痛・不眠などの身体的な側面の苦痛や不調、いらだち・うつなどの心の問題、仕事や経済的側面の問題などを抱えているときには、介護に積極的、主体的に取り組めなくなります。身体的側面の不調があった際に、身をもってこのことを体験しました。布施行としての介護がうまく行かない場合には、される側だけではなく、する側がさまざまな問題を抱えている場合があります。そのためには、介護者側も心身の健康管理をし、いい状態を保つ必要があります。

介護者側に心身の不調や不振が生じた場合には、介護サービスの利用が必要となります。布施行としての介護も、環境や条件が整わないとできません。そのためには、介護者は介護サービスの利用に関する知識・情報・手続き等を知っておくことも大事です。社会資源を上手く活用することも求められます。ストレスが高じて、介護が布施行とは真逆の行為である虐待やほったらかしにするようなことになるのは避けたいものです。

また、介護という行為を人生の修行の一つとして受け入れることも一計です。私たちは人生においてさまざまな問題に直面します。それらの問題に取り組み、解決しようとすることが人間的成熟につながるものであり、成熟に向けて努力するところにこの世に生を享ける意味があるのではないかと考えています。

人間的に成熟している人というのは、自分と同様に他者の生き方に関心を払い尊重し、身近に起きる出来事に対して意味を感じ取れる感性を有し、いのちの生老病死、人生の意味や価値に対する感受性を重んじ、自己実現をめざしている人ではないかと思います。一言でいうならば、自らの心のコントロールに長けている人と言えるかもしれません。人間は常に自身あるいは他者の「生老病死」に対峙し、「いのち」をめぐるさまざまな問題や苦しみに意味づけをし、その現実を受け容れて生きていかねばなりません。そのためには、このような人間的成熟が求められます。そしてそれらは、介護を実践するなかで高められていく機会が多いように思います。

●布施行に対する思いを「ありがとう」に込める

その人の性格や価値観、病状や認知症のあるなしによって異なるかもしれませんが、介護される人が介護をしてくれる人の行為に対して、「ありがとう」ということばを自然に言えるならば、それは介護者側の心情にいい影響を与えます。母は、認知症が進む前は、介護する側の意見や行為に対しては、拒否的態度を取っていましたが、介護行為が終った後に、時々「ありがとう」ということばを返すことがありました。そのことばよって、それまで母の言動に腹を立てていた気持ちが自然と治まりました。

かつて、テレビ番組で「他人から言われて一番うれしいことばは何か」というのを取り上げていましたが、「ありがとう」が一位でした。また、ある離婚相談所が離婚して第二の人生を歩み始めようとしている団塊の世代の妻たちに「どのような条件があれば離婚を思いとどまりますか?」という調査をしたところ、「ありがとうの言葉をかけてくれる」が上位を占めていたそうです。(2)「ありがとう」はたった五文字のことばですが、この感謝のことばには、とても不思議な力があるように思います。

お礼や感謝の気持ちを表すときに言うこの「ありがとう」ということばは、仏教から出た語です。「有り難い」とは、非常に稀なこと、存在し難いことをいいます。そこで、「有り難い」はそうした喜び、感謝を表すことばとなりました。お互いに「ありがとう」というときには、「めったにないことをあなたにしていただいて感謝します」という気持ちを伝えていることになります。拒否的態度を取り続けている母が、ときに介護を素直に受け入れてくれる場合には、まさに「めったにないことをあなたに受け入れていただき感謝します」「ありがとう」という心境でした。

認知症が進み、要介護5に認定された頃から、母は次第に「ありがとう」を言わなくなり、逆に、気に入らない場合には介護する者の腕をつねったり、叩いたりすることもありました。このような態度も病気がさせていることだと思い、「お母さん、ご飯を食べてくれてありがとう」「お茶を飲んでくれてありがとう」「オムツを替えさせてくれてありがとう」ということばを返しながらかかわるようにしました。母にもそのことばのもつ波動は伝わったのではないかと思います。介護される側も、してくれる人に対して「ありがとう」と自然に言えるならば、そこには自ずといい関係が生じるように思います。「介護されて当たり前」という思いではなく、介護してくれる人に対して「あなたに世話をしてもらって感謝しています」という気持ちを込め、「ありがとう」と言うことも大切です。もちろん、状態によっては声が出せない人や反応できない人もいます。母も状態が悪いときには声が出ませんでしたが、唇を見れば明らかに「アリガトウ」と言っているのがわかるときもありました。介護される人の感謝の思いは、その反応から確実に介護者に伝わってきます。介護場面における「ありがとう」「どういたしまして」のやり取りは、双方を幸せにしてくれます。いつか自分が介護をされるようなときがきたなら、介護してくれる人に対して「ありがとう」と言える自分でありたいと願っています。

◎やさしいまなざし、柔和な笑顔

かつて入院したとき、いつも不機嫌そうな顔で部屋に入ってくる看護師さんがいました。同室の患者さんたちと「作り笑顔でもいいから笑顔で病室に入ってきてほしいわね」と交し合ったことがあります。このことからも、看護や介護の場において、相手とのいい人間関係を築いていくうえで、やさしいまなざしや柔和な笑顔はとても大事なものである事を実感しました。自然に笑顔になれることが望ましいとは思いますが、場合によっては、意識的にでもやさしいまなざしや笑顔をつくり、対応することは必要なことかもしれません。

人間関係の基本となる行為・行動として、仏教の「無財の七施」の教えを紹介しましたが、「眼施」は、人の心がなごやかになるようなやさしいまなざしをもって見ていくことであり、「和顔施」は心を開いて柔和な笑顔を絶やさないでいることでした。ある意味では、これらの態度も意識的にでもそうすることが望ましい、ということなのかもしれませんが、やはり、介護する側も、される側も、相手に対して自然とやさしいまなざし、柔和な笑顔が向けられるようでありたいものです。

介護や看護体験を振り返ってみると、する側の心の在りようによっては無意識の内にやさしいまなざしで相手を見、自然と笑顔になることがあるように思います。いらいらしていたり、腹を立てていたり、不安や不満を抱えているような状態では、決してやさしいまなざしを相手に向けることも、笑顔でいることもできません。そのような心の状態にある人に、意図的に微笑をつくって接してこられても、介護される側は心地よくないのかもしれません。教えにあるような柔和な笑顔が自然と出てくるような自分でありたいものです。

認知症もあり、反応が鈍くなっていた母ですが、朝、「お母さんおはよう、眠れた？」と声をかけると、私の顔を見て「にこっ」と微笑むときがありました。赤ん坊が母親の顔を見て、反射的に返してくるような笑顔だったのかもしれませんが、思わず自分も笑顔を返していました。幸せな気分でした。笑顔で語りかけても知らん顔をしていることも多くありましたが、それでも介護者側からのやさしいまなざしと笑顔は大切なものだと実感しました。

【引用文献】

（１）「終読読本　ソナエ」vol.10 2015年秋号、七七～七八頁。
（２）井上ウィマラ著『人生で大切な五つの仕事 スピリチュアルケアと仏教の未来』春秋社、二〇〇六年、二九頁。

第4カ条
介護する者、介護される立場になり得るなり

今、介護をしている人も、いつか介護される立場になり得る存在です。もちろん、年をとっても元気で、最後まで他人の手を借りることなく日常生活を送り、逝かれる方もおられるでしょう。しかし、たいていの人は老病死の過程において、程度の差こそあれ、介護されることを経験されるのではないかと思います。介護を実践するうえで、いつか自身もされる立場になり得るということを視野に入れて臨むことは、よりよい介護を実践するうえで大事なことです。

「平均寿命」と「健康寿命」

日本人の「平均寿命」は男性八一・二五歳、女性八七・三二歳（二〇一八年）と世界のトップクラスにあります。一方で、「健康寿命」という言葉があります。日常生活に制限のない期間のことです。まわりの助けを借りなくても健康的な生活が送れる期間と言えばいいでしょうか。厚生労働省が二〇一八年三月に発表した健康寿命は、男性が七二・一四歳、女性が七四・七九歳（二〇一六年）です。健康寿命が七〇代前半であることに、「えっ！」と驚かれた人も多いのではないでしょうか。つまり、平均寿命から健康寿命を引いた差の期間は、程度の差こそあれ、まわりの助けを借りなければ健康的な日常生活ができない状態であるということです。男女共に長生きしている日本人ですが、平均してそれぞれ十年前後の期間は介護を受けたり、寝たきりになった状態で日常生活を送っているということになります。さまざまな側面からみて、とても大きな問題のように感じます。いずれにしても、健康寿命をできるかぎり平均寿命に近づける努力が必要になってきます。

介護の現状

二〇一七年の患者調査によると、医療機関を受診している総患者数は、高血圧性疾患九九四万人、糖尿病三二九万人、悪性新生物（腫瘍）一七八万人、心疾患（高血圧性のものを除く）一七三万人、脳血管疾患一一二万人です。そして、二〇一六年においては、介護が必要となった原因としては、認知症が一八・〇%、脳血管疾患（脳卒中）が一六・六%、高齢による衰弱が一三・三%、骨折・転倒が一二・一%、関節疾患が一〇・二%、心疾患が四・六%、その他が二三・二%となっています（『国民衛生の動向』第六六巻第九号、通巻一〇三六号、九二頁、九五頁）。

たとえば、脳卒中は、死亡を免れても後遺症として障害が残ったり、長期の臥床などがきっかけとなって、介護が必要となる場合があります。その他の病気も同様です。病院では患者に対して看護師が「看護」にあたりますが、退院して自宅での療養ということになれば、当然、家族が介護をすることになります。人としてこの世に生を享け、いのちの老病死の過程をたどる私たちは、その生涯において介護する側、される側の両方を経験することは大いにあり得ます。

ところで、介護保険制度は二〇〇〇年四月から実施されていますが、介護サービス利用者数は年々増加しています。要介護認定者の数は、二一八万（二〇〇〇年四月末）から六四四万人（二〇一八年四月末）となっています。介護保険受給者数については、居宅（介護予防）サービスの受給者は、九七万人（二〇〇〇年四月サービス分）から三六六万人（二〇一八年四月サービス分）となっています。また、施設サービスは五二万人（二〇〇〇年四月サービス分）から九三万人（二〇一八年四月サービス分）となっています（『国民衛生の動向』第六六巻第九号 通巻第一〇三六号、二五七頁）。

このような介護の現状から見ても、介護されることは決して他人事ではありません。この世に人として生を享け、いのちの老・病を生き、死を迎えるうえで、他者から介護されることは自然なことです。介護する者も、いつか介護される立場になり得るということを認識し、自覚しておくことはよりよい介護を実践するうえでも大事なことだと思います。

介護の実際からの反省と学び

相手の立場にわが身を置き換えてみると、見えてくるものがある

最初に、「いつか自分も介護される立場になり得るということを視野に入れて介護することが、よりよい介護の在りようにつながる」と書きました。それは介護される相手の立場にわが身を置き換えて介護の在りようを考えられるようになるからです。母が要介護認定を受けたころ、

私は、すでに還暦を迎えていましたが、「介護する私も介護される立場になり得る」ということは、現実味をもって意識できました。多少は、相手のことをわが身に置き換えて考えることができたように思います。

仏教の教えに「すべての者は暴力におびえる。すべての（生きもの）にとって生命は愛《いと》しい。己《おの》が身にひきくらべて、殺してはならぬ。殺さしめてはならぬ(1)」「『かれらもわたくしと同様であり、わたくしもかれらと同様である』と思って、わが身に引きくらべて、（生きものを）殺してはならぬ。また他人をして殺させてはならぬ(2)」というのがあります。

何ごとにおいても、「わが身に引きくらべて」物事を考えることができるかどうか、ということは大切なことです。いじめを受けて自殺したり、虐待されて亡くなる方のニュースが後を絶ちませんが、相手の立場にわが身を置き換えて考えることができるならば、いじめや虐待も少なくなるのではないでしょうか。介護を実践する際にも、同様のことがいえます。なぜならば、自分がされて嫌なことは相手に対してしないでしょうし、自分がされてうれしい介護を心がけるのではないかと思うからです。これは介護の基本であり、本質だと思います。ただし、わが家の場合のように、相手の立場にわが身を置き換え、相手にとってもいいであろうと思うことが、ことごとく拒否される場合もあります。

相手の立場にわが身を置き換えられないこともある

介護をしていて相手の立場にわが身を置き換えて考えられない場合があります。たとえば、若い介護者が高齢者の介護をする場合です。二十代から四十代の人では、人生経験豊かな高齢者の立場にわが身を置き換えて考えることは難しいことです。介護の必要な人が若かったとしても、難病や事故によって介護を必要としている人の気持ちを相手と同じようには分かりえませんが、相手が高齢者の場合には、より以上にイメージできないことがあります。では、若い人には高齢者の立場にわが身を置き換えてものを考え、介護はできないのかというと、決してそうではないようにも思います。仏典に次のような教えがあります。

「この世における人々の命は、定まった相《すがた》なく、どれだけ生きられるか解《わか》らない。惨《いた》ましく、短くて、苦悩をともなっている」

（『スッタニパータ』五七四偈）

「生まれたものどもは、死を遁《のが》れる道がない。老《お》いに達しては、死ぬ。実に生あるものどもの定《さだ》めは、このとおりである」

（同右、五七五偈）

「『わたしは若い』と思っていても、死すべきはずの人間は、誰が（自分の）生命をあてにしていてよいだろうか？　若い人々でも死んで行くのだ。――男でも女でも、次から次へと――」

（『ウダーナヴァルガ』第一章　八偈）

「老いた人々も、若い人々も、その中間の人々も、順次に去って行く。――熟した果実が枝から落ちていくように。熟した果実がいつも落ちるおそれがあるように、生れた人はいつでも死ぬおそれがある」

（同右、一〇偈、一一偈）

これらの教えにみられる老病死観、死生観に、自身のいのちを重ね、平生から向き合い考えている人であれば、性別、年齢を問わず介護や看取りの現実にきちんと対峙できるのではないかと考えます。病や老いを自ら実感できなくても、いつか自身にも訪れる可能性があることを認識している人であるならば、していない人よりは、はるかにわが身に置き換えて考えることができるように思います。場合によっては、二十代、三十代でも介護が必要な状況が自身の身に起きるかもしれません。

先にも取り上げたエッセイスト・安藤和津さんのインタビューの内容には、二人の娘さんたちも小さいときから両親の介護の様子を目の当たりにしてきて、介護や認知症への社会の理解のなさに対する怒りが生じた、とありました。それは「なぜ人生の最期にもっとちゃんと向き合わないのか」「人間が必ず迎える死を、もっと真剣に考えるべきだ」という怒りだったそうですが、そのことが映画監督でもある娘さんの介護ヘルパーを主人公とした映画製作にまで展開していったそうです。(3) 若くても、介護の現状や問題を認識し、他人事とはせずにわが身わが家族に重ね、置き換えて考えられたからこそ、映画を通じてそのことを伝えようとされたのではないかと思います。

また、『仏教聖典』（仏教伝道協会 第一一二版）の目次の前に法句経の教えが取り上げられています。「人に生まるるは難く、いま生命あるは有難く、世に仏あるは難く、仏の教えを聞くは有難し」という教えです。ブッダは、この世に人間の身を享け生命があるということ、衣食住が満たされるということ、正しい法を聞き、仏が出現するということ自体とても難しいことなのだと説かれました。まずは、「人に生まるるは難く、いま生命あるは有難く」という教えを素直に受けとめたいと思います。なぜならば、介護される者もする者も、お互いに得難い生命を享けている者同士なのだという自覚がないと、介護される人に関心を払い、親身になって介護することは難しいように思うからです。人として存在していることを肯定できてこそ、望ましい介護の在りように思いを馳せ、わが身に置き換えて相手のことを考えることができるように思います。

読者の中には先に取り上げられている教えに「この世における人々の命は、定まった相《すがた》なく、どれだけ生きられるか解《わか》らない。惨《いた》ましく、短くて、苦悩をともなっている」とあるのに、どうして「この世に生を享けることが有難いこと」なのかわからない、という方もおられることでしょう。素直にこれらの教えを肯定できないことも事実です。しかし、この二律背反する教えにこそ大きな意味があるのではないかと考えます。この意味を自らに問いかけ、何を目的に、何を大切に生きていけばよいのかを考えることにこそ、この世に生を享ける意味があるのではないかと思います。これは人間としての務めであり、同時に自身の死生観を育んでくれます。「介護」という実践行為は、自らの死生観を大いに育んでくれる機会でもあるのです。

【引用文献】

（1）中村元・訳『ブッダの真理のことば 感興のことば』岩波文庫、一九九一年、二八頁。
（2）中村元・訳『ブッダのことば スッタニパータ』ワイド版岩波文庫、一九九四年、七〇五偈。
（3）「終読読本 ソナエ」vol.10 2015年秋号、七八頁。

第5カ条
介護の期間は人によりて長短あり

人それぞれの寿命が異なるように、介護を必要とする期間も人によって異なります。また、介護の期間が長くなれば、個人差はあるかもしれませんが、介護者の心身の負担は大きくなり、生活範囲が制限されることによるストレスも多くなってくるように思います。ここでは、介護の期間は人によって長短があること、また、その介護期間に伴って生じてくるさまざまな側面の負担について取り上げます。

家族介護と介護離職

長く看護教員の仕事をしていましたが、母の介護のことがあり、定年を待たずして退職しました。このような退職の仕方を〝介護離職〟といいます。つまり、親が要介護状態となり、自分の他に親の面倒を看るものがおらず、やむを得ず働いていた職場を退職することです。ある調査[1]によれば、親の介護を経験した（介護中も含む）全国の四十歳以上の男女のうち、介護に専念するために離職した人は併せて二五％を占めています。親が要介護状態になった場合、四人に一人の子供が離職を余儀なくされているという実態があります。

四十代、五十代の働き盛りの人が親の介護のために離職に追い込まれることは、さまざまな側面からみて厳しい現実です。このことは自身の経験を通じて実感しています。また、離職に至らないまでも二五％の人が転職し、一五・九％の人が働き方を変更しています。この調査結果からも、介護に主担当として携わることは、仕事を継続するうえで大きな妨げになっていることがわかります。

介護経験者からみた介護期間の実際

実際にどのくらいの期間、介護が行われているのでしょうか。生命保険文化センターが行った「生命保険に関する全国実態調査」(2)では次のようなデータが示されています。介護経験がある人に、どのくらいの期間(現在介護を行っている人は、介護を始めてからの経過期間)介護を行ったのかを聞いたところ、平均五六・五ヵ月(四年九ヵ月)でした。その内訳は六ヵ月未満が六・七%、六ヵ月から一年未満が六・一%、一から二年未満が一四・一%、二から三年未満が一三・三%、三から四年未満が一二・五%、四から十年未満が三三・九%、十年以上が一二・五%、わからないが〇・八%となっています。この調査からは、介護期間が四年以上という人が四六・四%を占めていることがわかります。体験する介護の期間は人によってさまざまですが、このデータは参考になるかと思います。

また、この調査を手がけた生命保険文化センターの試算によれば、「在宅介護」の期間が十年以上に及ぶ要介護者は一一・八%に上るようです。わが家の場合もそれに該当します。超高齢社会の日本においては、平均寿命と健康寿命の差から見ても、当然、介護期間は長期化する傾向にあります。テレビや雑誌、書籍などで、認知症のある家族や高齢者を介護した芸能人や著名人たちのことが紹介されることがあります。たとえば、タレントの荒木由美子さんはエッセー『覚悟の介護』(ぶんか社、二〇〇四年)の中で、二〇年間にわたり夫の母上を介護した経験を綴っておられますが、その大変さは、体験した者にしかわからないかもしれません。介護の期間は人によって長短があり、自分が経験することになるであろうと思われる介護期間は、そのいずれにも該当する可能性があります。

「人生一〇〇年」といわれる時代を迎えつつある

人生一〇〇年という時代を迎えつつあります。厚生労働省の統計によれば、百歳以上の高齢者は六万九七八五人(二〇一八年九月十五日時点)に上り、四八年連続で過去最多を更新しています。その内、女性が八八%を占めています。老人福祉法が制定された一九六三年は、わずか一五三人でした。また、国際社会保障・人口問題研究所は、二〇六五年の平均寿命を女性九一・三五歳、男性八四・九五歳と予測しています。今後も百歳以上人口は増え続け、二〇二七年には十五万八千人、二〇四七年には四十二万一千人を数えるといいます。万が一、団塊世代である自分が、二〇四七年の四十二万一千人の一人になっているとしたら、と考えるだけで不安になります。お金に困ることなく、健康で、生きがいを持ち、百歳を謳歌できているかどうか自信はありません。おそらく、家族は誰もおらず、どこかの施設で介護を受けながら生きていることでしょう。

家族介護どころの話ではなく、社会に負担をかけながら生きていくことになります。百年を生き抜くには、それなりの備えが必要であることがわかります。今から心を入れかえ、目標と計画を立てて充実した日々を送ろうと思っても、決してそうなるとは限りません。個人で対応できることも多少はあるのかもしれませんが、行政や企業におけるさまざまな取り組みなしには、望ましい百歳を生きることは厳しいでしょう。

このような現実を視野に入れ、元気で若いうちから、自分自身の定年退職後のこと、老後のこと、親や配偶者の介護のこと、そして自身が介護される立場になり得るときのことを、一度は考えておくことも必要です。人生一〇〇年という時代になれば、介護の期間が長くなる可能性もあり、今とは、また違った問題も出てくることでしょう。

介護期間が長くなるにつれて生じてくる負担

身内を在宅で介護する家族は、いろいろな側面の負担を抱えます。ここでいう負担とは立場に応じて介護を身に引き受けること、また、それに対する責任も含んでいます。これらを負担とは感じない家族もあるかもしれませんが、介護期間が長くなるとこの負担が介護疲れを起こす原因や条件につながる場合があります。ここでは、介護に伴う負担を、①身体的負担、②精神的負担、③社会的負担、④経済的負担、⑤時間的負担の五つの側面に分けました。

「身体的負担」

「身体的負担」とは、日々の介助が、介護者の身体的側面にもたらす負担のことです。相手の要介護状態によっても異なりますが、たとえば、食事介助、歩行介助、入浴介助、車いすへの移動介助、更衣介助、洗髪介助、体位変換介助、おむつ交換、清拭など、日常生活に必要な援助が長期間に及べば、介護者の身体的負担となり、疲労にもつながります。

「精神的負担」

「精神的負担」とは、精神、いわゆる心、意識などの働きにもたらす負担のことです。根気や気力にも影響します。介護される人や家族との人間関係の在りようにも左右されますが、介護期間が長くなると、たとえば、不安感、いらだち、孤独感、怒り、おそれ、悲しみ、焦燥感、不信感、うつ状態といった精神的苦痛が生じることがあります。このような精神的苦痛が精神的負担であり、さらにスピリチュアルな側面や宗教的な側面の苦痛に連動することもあります。ある意味では自然で、健康的な悩みかもしれませんが、たとえば、この世に生を享けた意味、生きる目的、人生の意味、死後のこと、罪の意識などへの疑問や悩みに重なってくる場合があります。

「社会的負担」

「社会的負担」とは、介護に伴う仕事上の問題、家族間や専門家との人間関係、地域とのかかわりなどにおいて生じる負担のことです。たとえば、親の介護のために離職を余儀なくされること、介護離職に伴って生じるそれまで担ってきた役割の中断・中止、家族間の役割変更や人間関係の不和、地域における役割の中断や辞退などが考えられます。

「経済的負担」

「経済的負担」は、社会的負担のなかに入れてもいいのかもしれませんが、別枠としました。介護にかかるさまざまな費用のことです。経済的負担は、在宅介護や施設の利用、また要介護度別でも異なりますが、いずれにしてもお金がかかります。在宅介護においては、介護サービス利用料と、介護サービス以外の費用が経済的負担となります。後者は、おむつ代、介護リフォーム代、介護に必要なさまざまな消耗品にかかる費用の類です。

「時間的負担」

「時間的負担」も、社会的負担として考えてもいいのかもしれませんが、別枠にしました。介護に課せられる時間や制約は介護される人の状態によっても異なりますが、相手の基本的欲求を満たすことや、日常生活のための援助は、毎日求められるものであり、手を抜くことはできません。たとえば、出かけたいのに出かけられない、自分のやりたいことに時間がとれない、一日の多くの時間を介護に充てなければならないなど、これらが介護者の時間的負担となります。

このようなさまざまな側面の負担は相互に絡み合い、連動しながら、介護期間が長くなるとその負担は大きくなっていきます。ある負担だけが介護者を介護疲れにさせるのではなく、それぞれの負担は並行しながら生じ、影響し合い、そして大きくなっていくように思います。

介護の実際からの反省と学び

わが家における介護期間とその状況

母は九六歳で亡くなりましたが、母に対する「介護もどき」のことが始まったのは、八二歳のときでした。その年、定年を待たずして仕事を辞め、生家に戻りました。母が八五歳になった頃から、部分的に本来の介護が必要な状況になり、そのような状態が数年続きました。そして、八九歳を迎えた年の七月に要介護3の認定を受け、九二歳の七月には要介護5の認定を受けています。

つまり、中等度の介護を要する状態が三年間続き、その後、介護なしには日常生活を送ることが困難な状態である要介護4を飛び越えて、介護なしには日常生活を送ることはほぼ不可能な状態である要介護5に認定され、それから三年とおよそ十ヵ月後に亡くなりました。要介護3の認定を受ける前にも、要介護1、要介護2に相当する状態が続いており、介護期間はおよそ十一年、介護もどきの期間を含めると、十四年になります。

要介護3を認定された八九歳の年の八月から十一月まで、訪問介護を受けていましたが、母が家族以外から介護を受けることを強く拒否するようになり、この年の十二月から介護サービスを受けることを止めました。しかし、要介護5の認定を受けた九二歳の年の八月に、一度訪問入浴サービスを受けました。この頃から、母の容態が少し変化し、日中も眠っていることが多く、反応も鈍くなってきたため、それまでのようには強く拒否しないだろうと予測し、主治医の許可をもらって訪問入浴サービスを受けるようにしたわけです。また、介護に対する家族の負担も多くなってきたため、九三歳の年の三月から訪問看護を受けるようになりました。それまでの八年あまりの期間は、家族だけで介護をしていたことになります。

介護期間は予測できない

体験を振り返れば、介護期間は予測できないように思います。看護師の資格はあるものの、母の介護がはじまった当初から介護期間の予測はできませんでした。その理由の一つとして、母が老衰の過程を辿っていたこともあるかと思います。「老衰」とは、簡単に言えば加齢によって心身の能力が衰えることであり、「老衰死」は、老衰によって生命活動が終わることです。二〇一七年度の女性の死因の第3位は老衰死であり、男女合わせた総数でも第4位です。母の死因も老衰死でした。母を介護していてその状態から「ひょっとしたら…」と覚悟し、しばらくすると「あっ、また元気になった」ということを何度経験したことでしょう。老衰の過程は人によって異なるものの、介護の期間は長くなることを視野に入れて取り組む必要があるようです。

介護する側にとって大事なことは、介護期間の長短にかかわらず、きちんと介護に取り組むことができ、看取った後に、「これでいい、十分介護をさせてもらった。後悔や心残りはない」と思えるかどうかということです。このことを、わが家では目標にしました。介護期間中には、その長短にかかわらずいろいろな問題や困難が生じます。そのような場合も、弱腰にならず、現実から逃避しないで、それらの問題に向き合い、主治医や訪問看護師、ケアマネージャーの支援やアドバイスをもらいながら取り組んでいくことが大事です。そうすれば、解決策は必ず見つかるものです。

わが家における介護期間に伴う負担

母が要介護1もしくは要介護2の状態のときには、介護者が一人であってもさほど問題なく介護を実施できました。しかし、要介護3の認定を受けたころからは、一人で介護をすることは難しくなりました。母の介護期間に連動して生じた負担は、次のようなことです。介護する側は弟と私の二人です。

「心身の負担」

要介護1もしくは2のような状態にあるときは、母は自分の部屋で過ごし、夜も一人で就寝していました。弟と私の部屋は、いずれも母の部屋から離れていたため、数時間おきに母の様子を見に行ったり、話し相手になるようにしていました。しかし、母が要介護2から3の状態に移行する頃から、母のベッドを私の近くの部屋に移動させました。最初は嫌がりましたが、介護する側にとっては近いほうが観察しやすく、安心でした。

要介護3に認定された頃から、ベッドサイドに置いていたポータブルトイレへの移動が一人では難しくなり、常に介助が必要となりました。そのため、操作の簡単な呼び出し専用機を購入し、必要な場合にはいつでも私たちを呼べるようにしました。呼び出し専用機は何種類か試しましたが、高齢者の母には器械が扱いにくいことや故障することもあり、最終的には、大きな鈴が一番効果的でした。母の部屋からかなり離れていても、鈴の音は届きました。鈴には長めの紐をつけてベッドサイドに固定しておきました。

次第に母の夜間の排尿回数が多くなり、鈴で呼び起こされることが多くなると一人で面倒を看ることは心身ともにきつくなりました。母の体を抱えて、ベッドからポータブルトイレに移動させなければならなかったからです。そこで、弟は母の隣の部屋に移動し、私は簡易式のベッドを買い、母の側で寝ることにしました。夜間は弟と交替で介助したり、一緒に介助したりして互いの負担を軽減するように努めましたが、夜間一時間おきに起こされることが数ヵ月続き、協力し合っても心身の負担度は増していきました。介護期間の長さに比例して心身の負担は大きくなり、同時に疲労感も蓄積していったように思います。身体的には筋肉や関節が痛くなり、腰のコルセット着用や鎮痛・抗炎症剤の湿布薬が手放せなくなりました。夜間何度も起こされるために寝不足や不眠も生じました。弟は睡眠薬を、私は抗不安薬を時々服用するようになりました。

●「社会的負担・時間的負担」

社会的側面においては、非常勤講師や学会の仕事を辞したり、会議を欠席したり、関心をもっている学会や研究会への参加ができなくなりました。仕事上の不義理を重ねることは、社会的側面の苦痛の一つでした。

母の要介護度が上がり、介護の期間が長くなるにつれて、日常生活における役割や時間的制約も多くなりました。母を一人にして家を空けることはできなくなり、たとえば食料品などの買出し、お金の振り込み、地域や町内関連の役割などは、すべて弟に担ってもらうようになりました。

●「経済的負担」

経済的側面においては、弟も私も年金生活者ではありましたが、特に問題はなかったように思います。たとえば、二〇一九年度の介護・看護に関連する一ヵ月のサービス費用合計額は、一四万から一五万円ほどで、利用者負担額合計額は一万二千円から一万五千円程度でした。受けたサービスは、一ヵ月に訪問介護および訪問入浴介護をそれぞれ四回から五回、そして福祉用具貸与です。主治医の訪問診療は月一回から二回程度でしたが、薬代も含めての自己負担金は、月平均二千円以下に収まっていました。その他にかかった費用としては、介護に必要なさまざまな消耗品の購入費です。

母におむつが必要な状況になってからは、月々のおむつ代、尿とりパッド代は結構かかるようになりました。衛生材料支給事業を知ったのは、使うようになってからかなり後のことでしたが、それでも、とてもありがたく感じました。また、家庭用の「紙おむつ類専用」ビニール袋の支給も受けましたが、他のゴミと分別して出せたことは心理的負担の軽減にもなりました。居宅での暮らしを支えてもらえる「福祉用具貸与」「特定福祉用具販売」のサービスについても、母が要介護3に認定された当初から利用していました。これも経済的負担の軽減につながったと思います。

わが家における母の介護期間、介護期間中に生じた介護者や家族の負担、利用したサービスなどについては以上のようなことです。ここでは、介護期間に比例して生じる介護者側の負担を中心に述べましたが、介護される者にとっても、同様にいろいろな負担が生じるものと思われます。

【引用文献】

（1）奥野哲著「介護をしながら働き続ける仕組みを考える―仕事と介護の両立と、介護離職にかかる調査より―」Dia News No.81
（2）生命保険文化センター「生命保険に関する全国実態調査」平成二十四年度より、http://www.jili.or.jp/lifeplan/lifesecurity/nursing/html、平成二十七年九月二十五日アクセス。

第6カ条

介護の先には看取りあり、看取りの先には葬送あり

介護・看病の先には、看取り・葬送が控えています。「看取り」ということばには、「看病・看護すること、病人のそばにいていろいろと世話すること」などの意味がありますが、ここでは、死への看取りという意味合いで使います。また、看取りの後の通夜・葬儀・葬儀後の一連のことも含め「葬送」ということばを使いました。介護は老病死という「いのち」の営みの過程へのかかわりであり、介護の先には看取りや葬送が待っていることも、視野に入れておく必要があります。「老老介護」の場合は、状況によっては介護をしている方が先に逝く場合があるかもしれません。ここでは、介護の先に待っている看取りや葬送に関連する基本的なことがらを取り上げます。

日本人の死ぬとき、死に方、死に場所

「死ぬときとその状況」

私たちはいつか必ず死を迎えます。人の寿命はそれぞれ異なりますが、日本人の平均寿命は、男性が八一・二五歳、女性が八七・三二歳で、男女ともに世界のトップクラスの長寿国です（二〇一八年）。二〇一八年には年間一三六万二四八二人が亡くなっています。二〇一七年には年間一三四万三九七人が亡くなっていますが、その内、六五歳以上の人は一二〇万八八九五人、七五歳以上の人は一〇〇万七三二一人、八〇歳以上の人は八五万一五一七人、八五歳以上の人は六二万五三四九人です。したがって、年間死亡者数の九〇%近くが六五歳以上の高齢者であることがわかります（『国民衛生の動向』第六六巻第九号、通巻一〇三六号、四〇一頁）。このことからも、介護、看取りの対象者は高齢者が多いといえるでしょう。ただし、寿命としての自身の「死ぬとき」は、だれひとりとして分かりません。「天命としての寿命を与えられているが、それは何歳なのかはわからない」ということを心しておきたいと思います。

また、厚生労働省の推計では、世帯主が六五歳以上の高齢世帯が二〇四〇年には二千万世帯を超え、全世帯の四四・二%を占め、このうち四割は独居と推定されています。結婚している人の

場合は、平均寿命からすれば夫のほうが先に逝く場合が多いと思われますが、男女とも長生きをしたとしても、死ぬときにはひとりになる覚悟も必要です。

ところで、日本人は何歳くらいまで生きたいと思っているのでしょうか。二〇一四年厚生労働省委託調査（『平成二六年度版 厚生労働白書』）で、「何歳まで生きたいか」を問うたところ、「生きたい」の平均値は男性が八〇・九〇歳、女性が七八・三六歳でした。女性は実際の平均寿命よりも短くてよいと思っているようです。自分だったら何歳くらいまで生きたいのか、その生きかたも含め、一度自問してみるのもいいでしょう。

「死に方」

死に方とは、人はどのようなことが原因で死に至るかということです。死因順位別にみると、第一は悪性新生物、いわゆるがんで三七万三三三四人、第二位は心疾患で二〇万四八三七人、第三位は脳血管疾患で一〇万九八八〇人、第四位は老衰で一〇万一三九六人、第五位は肺炎で九万六八四一人となっています。つまり、全死亡者数の約六六％が、この五大疾患のいずれかで亡くなっていることになります。因みに、老衰死は全体の七・六％を占めています。二〇一八年の不慮の事故による死亡数は、四万一二一三人で全死亡者数の三％です。「自殺」は、年間二万八四〇件ですが、十歳から三十九歳の死因の第一位が自殺であることは気がかりなことです

（『国民衛生の動向』第六六巻第九号、通巻第一〇三六号、四一七、六七、一一二頁）。

一般的に「病死」や「老衰死」を平常死・内因死といい、その他の死は横死・外因死といいます。横死・外因死とは殺害や、災禍などによる不慮の死や非業の死のことです。多くの人の死は、いわゆる平常死です。介護の対象者も、お年寄りが多く、病に罹っている人や老衰の人が多いでしょう。具体的には認知症のある人、肺炎などの肺疾患のある人、転倒して大腿骨骨折などをしている人、また、年齢に関係なくがん末期の人、脳梗塞や脳出血、くも膜下出血などで脳の機能が低下し、寝たきりとなっている人が多いものと思われます。

ところで、先に引用した厚生労働省の委託調査では、「自分自身が最期を迎える場合の希望」としては、「ある日突然苦しまずに死にたい」が六〇・二％と圧倒的に多く、次いで「病気などで多少寝込んでもいいから少しずつ死に向かっていきたい」が二四・三％となっています。しかし、自分が死ぬときは「ある日突然苦しまず」死ぬことを願いつつも、家族の場合には「少しずつ死に向かって欲しい」と願う人が多い傾向にあります。母を介護していて、やはり母には「少しずつ死に向かってほしい」と思いました。それは介護する側の心の準備とともに、さまざまな側面の「支度」が必要だったからです。

「死に場所」

死に場所については、一九五一年（昭和二十六年）には病院死が九・一％であったのに対し、自宅死は八二・五％でした。その後次第に病院死が増え、二〇一五年（平成二十七年）には自宅死がおよそ一三％、病院死はおよそ七五％で、近年、病院や診療所で亡くなる人の割合は、約八割になっているようです。末期の療養場所についての希望は、調査結果によって多少ばらつきがありますが、五割から六割の日本人が自宅で療養したいと希望しているようです。

私が住んでいる滋賀県の県民調査では、人生の最期を「自宅で迎えたい」という人が最も多く四一・九％となっていますが、一方では、六割近くが家族への負担などを理由に、自宅療養は「困難」としています。このことは他の調査でも同様の結果が見られます（二〇一七年五月二十三日の産経新聞朝刊）。自宅で亡くなる人の割合には地域差もあるようですが、最期まで自宅で療養して子供や親族からの介護を受け、死を迎えたいと希望しても、それを実現することは厳しいようです。将来、介護される側になる者も、このことを認識しておく必要があります。どこで最期を迎えることになったとしても、それでよしとする覚悟が必要なのではないかと思います。

葬送に関連することとして

「人の死から埋葬まで」

施設での死、在宅死等にかかわらず臨終から葬送までの諸事、葬儀後の納骨やお墓のこと、つまり、人が死んでから墓に入るまでの手続きや順序、費用などについてご存知でしょうか。若干前後する場合があるかもしれませんが、人が亡くなると、「診てもらっている医師による死亡判定」→「死亡診断書の受理」→「葬儀社への連絡」→「死後の処置／湯灌」→「遺族間・葬儀社等の打ち合わせ」→「遺体の安置」→「死亡届の記載と提出」→「火葬許可証の受理」→「納棺」→「通夜」→「葬儀・告別式」→「出棺」→「火葬」→「拾骨」→「法要」→「寺院・神社・教会などへのお礼」→「さまざまな手続き」のような順で事が進みます。

「死後の処置／湯灌／死に装束」

「死後の処置」とは、死亡後に行われる行為、ケアのことであり、病院では、亡くなった人の身体を清潔にし、死によって生じる外観の変化をできるだけ目立たないようにその人らしく整えるなどの目的で行なわれています。医療現場では、「エンゼルメイク」「エンゼルケア」などのことばで表現されることがあります。「湯灌」とはお湯を使って遺体を洗い清めることです。自宅で亡くなった人の場合には、主治医の往診や、死亡判定を受けた後で訪問看護師がしてくれます。葬祭業者に依頼することもできます。その際、故人の希望していた旅立ちの衣装があれば、着替えさせてもらいます。もしも、故人から聞いていないなら、家族が一番望ましいと思うものを着せてあげればいいでしょう。

「死亡届と火葬許可証」

介護を受けている人の容態が急変したり、朝起きてみると絶命しているような場合にはすぐに主治医に連絡をとり指示を仰ぎますが、普段、医師にかかっていない場合には救急車を呼び、病院に運んでもらうことになります。主治医もしくは病院の医師から死亡判定を受け、死亡診断書が発行されます。死亡診断書と死亡届はセットで一枚の用紙になっており、その死亡届に必要事項を記載して、七日以内に死亡した人の本籍地、死亡した場所、届け出人の住所地のいずれかの市区町村役所・戸籍係に提出します。そこで死亡届が受理されたら、火葬許可申請書を提出し、火葬許可証をもらいます。この火葬許可証は火葬の際や納骨のときに必要となります。また、役所への住民票や戸籍の変更、生命保険・健康保険・年金などの手続きも必要となります。

「葬儀の形とその費用」

葬儀は、大きく一般葬、家族葬、直葬に分けられるようですが、それらの葬儀にはどのくらいの費用がかかるのかをご存知でしょうか。都市と地方、地域、また、葬祭業者によっても異なるようです。葬祭業者もいろいろあり、たとえば葬儀社、生協、JA、自治体などが葬儀に伴う一連の仕事を担当してくれます。葬儀の費用については、インターネット等で調べればさまざまな情報を入手できます。

「一般葬」の場合は、生前に故人とゆかりのあった人たちに声をかけ、通常、通夜、葬儀、告別式の形で事が進められます。故人の年齢、仕事、立場、生前の人間関係などによって会葬者の数は異なるでしょう。一般葬の費用について、冠婚葬祭の互助組織「くらしの友」（東京）が二〇一五年度版『現代葬儀白書』をまとめたことが新聞で紹介されていました。白書によれば、葬儀費用（墓地・墓石費用は除く）の平均総額は一二二万円で、二〇一〇年の前回調査の二四二万円より三〇万円減ったとあります。ピークだった一九九三年の四〇五万円のほぼ半額になっていることがわかります（二〇一五年九月二十二日読売新聞朝刊）。それでも海外の葬儀費用と比較すると飛び抜けて高いようです。ある意味、一般葬には上限はない、と考えていいのかもしれません。

「家族葬」は、一般の参列者を招かず故人の近親者だけで行う規模の小さな葬儀のことです。昔は「密葬」と呼んでいたのではないかと思います。家族葬の場合は、一般会葬者を招かないため、家族葬を終えた知らせや、その理由を記したあいさつ状を送ることが求められます。葬儀社に依頼して家族葬を行う場合の費用について調べてみましたが、かなり幅がありました。四〇万円前後から五〇万円前後という価額が多かったように思いますが、時代の流れのなかで変化しますので、その都度、確認した方がいいのではないかと思います。

「直葬」とは、比較的新しいことばです。直葬は、故人が亡くなった後、通夜や告別式などの儀式的なことを行なわず、逝去後二十四時間以上経過した後に遺体を火葬する葬儀のことで火葬式とも呼ばれています。家族葬を一番簡略化した形の葬儀と言えるかもしれません。直葬を葬儀社に依頼する場合の費用もかなり幅があります。一二万円前後からのものもあれば、一四万、一五万円からというのもありました。身内のいない独居者にとっては、このような形の葬儀にならざるをえないかもしれませんが、個人的には、心のこもった一般葬や家族葬の方が望ましいように思います。

遅かれ早かれ、介護の先には看取りや葬送が控えています。平生からそのことを念頭に入れて介護することも必要です。縁起が悪いといわれるかもしれませんが、普段から葬儀の在りようや、依頼する葬祭業者、葬儀の場所、葬儀費用などについて考えておくことも大事です。老老介護の場合には、両者ともに第一線を退いた形で生活をしている人も多く、慎ましやかに事を進めたいと思う人もいるかもしれませんが、故人が生前家族に希望を伝えていれば、それにしたがって執り行い、事前に話しあっていない場合には家族で決定すればいいのではないかと思います。いざとなって慌てないように、また、心のこもった葬送をするうえでも、普段からこのようなことを話し合い、考えておくことは大切です。

普段から自身の死を意識することも大事なこと

大学における「ターミナルケア」関連の講義・演習において、複数回、入棺体験をしたことがあります。お寺に赴き、蓋をされた真っ暗な狭い空間の棺に横たわったときの感慨は、今も鮮やかに甦ります。棺の中の菊の花の香り、響いてくる僧侶の読経の声、周囲のざわめき音のなかで脳裏と心にさまざまな情景が去来しました。この一つの死の疑似体験は、自身の死を強く意識させてくれました。このことは、人を介護し、看取るうえで、死という越えがたい心の中の境界を乗り越えるうえで、また、自身の死生観を育むうえでも意味があったように思います。最近では、このような入棺体験のプログラムを組み入れた研修会も開催されているようです。関心のある方は、一度入棺してみると、人生観、死生観が変わるかもしれません。

介護・看取り・葬送の実際と学び

家族の死ぬとき・死に方・死に場所から感じたこと

祖母、父、母の介護・看病・看取り・葬送に直接的にかかわり、いろんなことを実体験しました。祖母は七九歳の時に夕食時に脳幹出血で倒れ、一時期入院生活を送っていましたが、症状が安定してきた時期に自宅療養に切り替え、家族で介護をし、倒れてから三ヵ月後に自宅で看取りました。父は胃がんでしたが、本人の希望で手術も抗がん剤も受けない状態で自宅療養を続け、最期は病院に入院し八二歳で逝きました。胃がんを診断されてから半年後のことでした。母は老衰と認知症の過程をたどりながら十数年の在宅介護を受けた後、九六歳で逝きました。死亡診断書には「老衰死」とありました。父は病院死、祖母と母は自宅死でした。葬送に関しては、祖母と父の場合は葬儀社には依頼せず、親戚縁者や近所の人たちが主となって事を進め、自宅で通夜・葬儀を執り行いました。いわゆる一般葬といっていいかと思います。母の場合は、生前の本人の意向を尊重し、身内と近所の人だけに知らせ、自宅ではなく葬儀社に依頼して、家族葬に近い形の通夜・葬儀を行いました。

家族三人の介護・看取りを通じて、七十代、八十代、九十代それぞれ三者三様の「死ぬとき」・

「死に方」・「死に場所」に直接的にかかわり、その一部始終を目の当たりにしてきました。日本人の主要な死因となっている「悪性新生物」「脳血管疾患」「老衰」という病や老いの経過、特徴、その最期の在りようについて、また、病院での療養と在宅での療養・介護の違いについて、さらには、病院死と在宅死の在りようやその違いについて、多少は学ぶことができたように思います。

これらの体験を通じて感じたことは、人は自殺を除けば、基本的には死ぬとき、死に方を自ら選ぶことはできないということです。ただし、暴飲・暴食をし続けて身体を壊わしたり、働きすぎて体調を崩し、それが間接的に自身の死につながる場合はあるかもしれません。不慮の事故や事件に巻き込まれたり、自然災害で命を落とす人もあるでしょう。いずれにしても、基本的には、人生において自ら死ぬとき、死に方を選ぶことはできないように感じます。ただし、死に場所については、自ら選択できるように思いました。

亡くなった人への「死後の処置」を通じて感じたこと

自宅で亡くなった祖母の死後の処置は母と二人で行い、父の場合は病院で看護師さんと一緒に、そして母の場合は訪問看護師の方と一緒にさせてもらいました。祖母の死後の処置を家族だけでできたのは、私が看護師の資格があったことや、当時は訪問看護、在宅介護等が整備されていない時代だったこともあるかもしれません。

病院で亡くなった父の臨終・死後の処置の場面で印象に残っていることがあります。父が亡くなったのは明け方の四時過ぎでしたが、医師や看護師は父の危篤時にそっと病室を退室して廊下で待機し、家族だけでお別れのときが持てるように配慮してくれました。死後の処置に関しても、看護師さんから家族に対して説明があった後、「できるところは一緒にされますか?」と声をかけられ、亡くなった父に話しかけながら一緒にしたことです。

母の場合は自宅死でしたが、亡くなった際、担当してもらっていた訪問看護師さんが夜間にもかかわらず駆けつけてくれました。私の方から一緒に死後の処置をさせてほしいと申し出て、生前の母のことを語り合いながら事が進みました。死に化粧をし、死に装束の着物を着せながら、時に穏やかな、温かい笑いが行き交いました。今もその情景がありありと目に浮かびます。

気持ちが落ち着いていて、部分的にでも死後の処置にかかわれそうであれば、家族も一緒にすることを勧めます。なぜならば、かけがえのない家族を最期まできちんと世話できたという思いを遺してくれるとともに、自身の死生観を育んでくれるからです。もちろん無理をする必要はありません。

死に装束のこと

祖母や父とは死に装束のことについて話し合った記憶はありませんが、母は、比較的元気なときから、死に装束のことについては「死んだときは○○柄のあの着物を着せて」と言っていました。本人の意向がわかっていると、家族としては迷うことなく実行に移せます。最近では、「死に装束」としてのドレスを開発し、デザインしている人もいます。新聞で紹介されていた洋裁教室講師の山本和代さんは、白一色の死に装束に味気なさやさびしさを感じていて「最期の晴れ舞台こそ、誰もがすてきでありたい」と「ラスティングドレス」を発案しています（二〇一〇年五月八日読売新聞朝刊）。自分のために、お気に入りの一着を前もって準備することもいいことなのかもしれません。

葬送の実際から感じ、学んだこと

祖母や父の場合は、葬儀社に頼まない自宅葬でした。亡くなった当日から、親戚、近所の人たちがかけつけてくれ、手づくり感の濃い葬送となりました。遺体の安置、枕飾り、死に装束、納棺、菩提寺の僧侶との打ち合わせ、手伝いの人との打ち合わせ、役所への申請手続き、葬儀物品の準備、遺影の準備、祭壇の設営、葬儀を行う場の整備や装飾、供花・供物・花輪の手配や飾りつけ、火葬場への手配、火葬場への同行、後片づけ、飾り壇の設営、会食用の料理等々、すべて親戚や近所の人、家族で行いました。しかし今では、さまざまな環境、状況、時代の変化から、このような自宅での葬儀を行うことは難しいように思います。

当時は、墓地の傍にある小さな焼き場で火葬が行われ、近所の若い衆が「おんぼう」を担ってくれました。「おんぼう」とは、火葬場で死体を焼く職業の人を呼んだ称ですが、田舎では、当時、近所の人がそれを担っていました。火葬の翌日に家族と親戚の者が焼き場に行き、そこに示してある手順に従って骨を拾い、残った骨を袋に入れて所定の場所に置き、炉内の掃除をしてから家に戻りました。父の葬儀が終わりしばらくして、おんぼうを担ってくれた近所の人から、父の火葬は結構手間取り、途中で一度遺体の向きを上下変えたことを聞かされました。今では考えられないような話です。

しかし、このような葬儀に伴う一連の過程は、親戚縁者や地域の人たちとの交わりの場であり、コミュニケーションの機会になっていました。また、家庭や地域における何物にも変えがたい直接的な「いのち教育」「死の準備教育」そのものだったのではないかと思います。このような看取りや葬送へのかかわりは、いつか自身も死にゆく存在であること、死は命の自然な営みの一環であるという「死生観」を育くんでくれました。

今では、地域にも立派な斎場ができており、母はその斎場で火葬されました。葬儀も自宅ではなく葬儀社に依頼して行いました。自宅で行なった祖母や父の葬儀において、親戚や近所の人たちが担ってくれた一連の役割は、すべて葬儀社の方で執り行ってくれました。今後もこのような形の葬儀が多くなるでしょうが、家族として、親族として、思いやりのある葬儀にしていくことが大切ではないかと思います。介護の先にはこのような葬送が控えています。時には立ち止まり、介護の先にある看取りや葬送のことにも思いを馳せ、さまざまな側面からの準備をし、心得ておくことが大切です。

「これでいい」と思える介護・看取り・葬送を

祖母・父・母の介護や葬送を通じて考えさせられたことがあります。それは、人がいつ、どこで、どのような最期を迎えることになったとしても、看取られる者、看取る者の心の内に「これでいい」という思いがあったならば、それが本人にとっての望ましい最期であり、周囲の者にとってもそうなのではないかということです。父が亡くなって二週間ほど経ったとき、入院していた病棟の婦長さんとスタッフの方からお便りが届きました。その一部を紹介しておきます。

手紙には、「病棟でお世話をさせていただき看護師それぞれに色々なことを学ばせていただきました。点滴や管で縛られることなく本当に自然に、穏やかに、苦痛もほとんどみせずに過ごされている姿は、今までの生き方を表しておられるかのようでした」「私たちが接してきた多くの看取りの中でも、とても人間らしい幸せな最期であったのでは……と思います」と書かれていました。その人がその人らしい最期を迎えられるということは、家族にとっても、ケアにかかわった医療者にとっても「これでいい、十分ケアをさせてもらった」という思いにつながるように感じました。いずれにしても、この世に生を享けた私たち一人ひとりが、自身の生き方に責任を持ち、最期の瞬間に「これでいい、いい人生だった」と思えるかどうかが大切なのではないかと思います。

第7カ条
介護はこの世からあの世への橋渡しにつながるなり

介護はいのちの「老病死」そのものへのかかわりであり、介護の先には看取りや葬送が控えていることからも、ときに相手から「あの世はあると思う？」「死んだらどうなるのだろう？」「また向こうでみんなと会えると思う？」などと投げかけられることがあります。介護をしていると、この世からあの世への橋渡しにつながるような場面に遭遇させられます。この世とは、今われわれが生きて生活している現世を、あの世とは、死後の世界、来世を指しています。あの世があるのかないのかは、生きている人間には体験的にはわかりません。それを信じるか、信じないかということになるでしょう。世の中にはあの世の存在を信じている人、信じない人、わからないという人がいます。いずれにせよ、死ねばわかることですが、自分だったらどのように答え、対応できるのだろうか、ということについては、一度は向き合っておく必要があります。

ターミナルケアの訳語・語源には境界という意味が

医療・看護の現場では「ターミナルケア」ということばを使います。病状が末期である人のケアのことです。ターミナル（terminal）という英語には①末端にある、②（連続するものなどの）最後にくる、最後をなす、③一期間の、④終点の、⑤境界の、⑥臨終の、末期の、などの訳語があります。このterminalという語の語源であるラテン語のテルミヌスterminusは、「境界」を意味するそうです。科学的な医療・看護の現場において使われているターミナルケアということばには、その訳語や語源からみると、この世からあの世へと人を橋渡しするためのケアであるという意味合いがあることがわかります。

ある医師から聞いた末期患者さんとのやりとり

知り合いのある医師は、がんの患者さんから「先生、どんな状態でしょうか」とたずねられ、「安心してください。順調に三途の河に近づいていますよ」と答えたそうです。また、ある患者さんに、「○○さん、食事がほとんどできていませんから、体力的にずいぶんと弱っています。このまま、お浄土へ行くのと、もう少しこの世にいるのと、どちらにしますか？」とたずねると、その方は「できれば、早くお浄土に行かせてください。だから、点滴はいりません(1)」と言われたという話を、直接、その先生から聞いたことがあります。介護をしている相手との信頼関係が築かれていなければ、このような会話は難しいのかもしれませんが、とても自然で、素敵な会話だと感じました。

三途の川の伝承には、民間信仰が多分に混じっているようですが、死者が冥界に入る前に渡るとされる川の名で、死んでからおよそ七日目に渡るといわれています。この川のほとりには、脱《だつ》衣婆《えば》、懸衣翁《けんねおう》がいて死者の衣をはぎ、それを衣領樹《えりょうじゅ》の枝にかけ、死者の生前の罪の重さによって異なる枝の垂れ具合により、その人の行く先が決められるというものです。この三途の川は、三《みつ》瀬川《せがわ》、葬頭川《そうずか》ともよばれていますが、三途の川があの世とこの世を分ける境目にあるという点で興味深いお話です。

臨死体験者のバリア体験にも境界が

ある友人から、自らの「臨死体験」の話を聞いたことがあります。臨死体験に関する複数の本も読みました。臨死体験とは、事故や病気などで生命の危機に直面した際、その人が垣間見た死後の世界の体験といっていいでしょう。体験者たちは意識を回復したとき、共通する特徴的なことを語ります。たとえば、暗いトンネルのようなところを通ったこと、お花畑の中を歩いたこと、三途の川を見たこと、光の存在と出合ったこと、亡くなっているご先祖様に会ったこと、などです。

臨死体験者たちは、その特徴の一つであるバリア体験といわれるものも経験しています。つまり、彼らはそれ以上行ってはいけない場所として川があったことを報告しています。三途の川の話など聞いたことのない人でも、死のこちら側とあちら側との境界には川があるということは共通する感覚としてもっており、臨死体験者は川というバリアの向こう岸まで行かずに蘇生してきた人たちということになります。このような臨死体験によって、死へのイメージが変わったり、死が怖くなくなったり、生きる目的や意味合いが変わったという報告も数多く見聞きしました。世界各国でみられる臨死体験者の報告内容から、あの世、死後の世界という、この世とは別の世界があるという仮説を立てることもできるようです。そのためには、その仮説を裏づける証拠が必要となりますが、最近では、人間の死後生存に関連する研究も多くなってきています。

仏教の教えに見るあの世

仏教の教えにも「この世」「あの世」ということばが使われています。たとえば次のような教えにそのことばをみることができます。

「この世における人々の命は、定まった相《すがた》なく、どれだけ生きられるか解《わか》らない。惨《いた》ましく、短くて、苦悩を伴っている」（『スッタニパータ』五七四偈）

「たとい人が百年生きようとも、あるいはそれ以上生きようとも、終には親族の人々から離れて、この世の生命を捨てるに至る」（同右、五八九偈）

「善い行いのことわりを実行せよ。悪い行いのことわりを実行するな。ことわりに従って行なう人は、この世でも、あの世でも、安楽に臥す」（『ダンマパダ』一六九偈）

「かれらは死に捉《とら》えられてあの世に去って行くが、父もその子を救わず、親族もその親族を救わない。見よ。見まもっている親族がとめどなく悲嘆に暮れているのに、人は屠所《としょ》に引かれる牛のように、一人ずつ連れ去られる」（『スッタニパータ』五七九・五八〇偈）

『岩波仏教辞典』には、「あの世」については死後の世界のことをいうが、仏教の説く輪廻転生は迷いの世界を比喩的に提示したもので、霊魂不滅説を唱道したわけではない、とあります。しかし、この辞書を編纂・執筆された方々は、直接、釈尊の言葉を聴かれたわけではなく、あの世については誰も「ある」とも「ない」とも断定はできません。「ある」ほうも「ない」ほうも、どちらも科学的に証明できない世界のことについては、個々人が、そのいずれを「信じるか」「信じないか」ということになります。

宗教と「あの世」

「宗教」の概念は、人間を超えた存在に対する信念や思想、行動が含まれていて、人間を超えた存在である神仏への信仰を基本にしています。宗教は、神仏と人間の関係を説き、真実の世界を教え、いのちや生死の意味を明らかにしてくれるものであり、正しい生き方を示してくれるものです。したがって、真の宗教は、人の誕生前から死後までも視野に入れ、人間にとって最大の疑問である「この世に生を享け、生きることの意味、目的、あの世の存在」を示し、教え、考えさせてくれます。先に引用した仏教の教えのなかに「この世」や「あの世」という概念があるのならば、「あの世がある」ということを素直に受け止めたいと思います。

あの世に対する賭け

「人間は一本の葦にすぎない、自然のうちで最も弱いものである。だが、それは考える葦である」という有名な言葉があります。フランスの生んだ数学者であり、物理学者であり、哲学者であったパスカルのことばです。彼は著書『パンセ』の中で、神が有るのかどうかは私たちの理性では決められないことであり、それは信じるか、信じないかということであり、一つの賭けとみなすことができるとしています。神の存在を信じるかどうかということは、死後の生命、つまり、あの世を信じるかどうかということに重なるように思います。彼は、神はいるほうに賭けて、いたとしたらすべてを得るが、もし神がいないとしても何も失いはしない。しかし、神がいないほうに賭けて、いたならば、すべてを失うことになるのだから、あるほうに賭けるべきだという理論を提示しています(2)。

つまり、あの世の存在、死後の世界があるのかないのかは、死んだらわかることですが、生きている私たちにとっては一〇〇％あるいは〇％のどちらかの賭けであり、五〇％とか、七〇％なとということはあり得ません。あの世を信じるか信じないか、どちらに賭けるかは人それぞれであり、どちらが正しいとか間違っているということもいえません。しかし、その「賭け」に一度真摯に向き合い、考えてみることはこの世に生を享けた人間として大事なことではないかと思います。それは、介護される人、する人の「死生観」「人生観」に、そしてその人の最期の在りように影響を与えるものだからです。

「お迎え」体験

すでに亡くなりましたが、二千人を超える患者を看取ってこられた岡部健医師は、末期の患者さんの多くが「お迎え」という不思議な現象を体験されることに興味をいだき、記録してこられました。そのお迎え体験に関する論文は、東京大学大学院の『死生学研究』にも掲載されています。「お迎え」とは、一般的には臨終に、阿弥陀仏が浄土に導くために迎えに来ることをいいますが、岡部医師の調査では、「お迎え体験」を四二・三％の人がしています。ただし、仏様があらわれたのは五・二％にすぎず、「お迎え」にあらわれるのはすでに亡くなった家族や知りあいが五二・九％で一番多く、そのほかの人物が三四・二％となっています。興味深いことに、「お迎え」体験後、体験した故人の様子が、「普段どおりだった」が、四〇・〇％、「落ち着いたようだった」が一四・八％、「安心したようだった」が一〇・三％で、あわせて六五・一％が穏やかだったことがうかがえます。

岡部医師は、「お迎え」現象は精神と肉体が程よくバランスをとりながら衰えて行ったときに起こり、このバランスがうまくとれないと、「お迎え」は訪れず、場合によっては、非常に苦しい最期を迎えることもあるといいます。つまり、「お迎え」を体験した患者さんは、ほぼ例外なく穏やかな最期を迎えることに注目してこられたのです(3)。病院では、この「お迎え」現象を、幻覚や妄想などを伴う特殊な意識障害として診断することがありますが、故人の死が近い場合に見られる穏やかな死として受け入れていいのではないかと思います。

わが家の「あの世に対する賭け」と「死に対する不安」

亡くなった祖母、父、母の「あの世観」については、正直、本人の考え方を正確に汲み取ることはできません。生前のやりとりを思い起こしながら、わが家の「あの世」に対する賭けの様子を振り返ってみたいと思います。

「祖母の場合」

祖母の場合は、元気なときに会話した記憶をたどってみると、「あの世はあるとは思わない」、あるいは「あの世があるのかどうかはわからない」という価値観を持っていたように思います。脳卒中で倒れてからは、周囲とのコミュニケーションがとれるような状況ではなかったために、祖母の死に対する不安や心残りもわからないような状況でした。普段から家族と共に「生き死に」や「死後」に対する考え方を交し合っていたならば、祖母なりの死生観を育くめていたのではないか、どのような状況下で最期を迎えることになったとしても本人、家族ともに安心できたのではないかと反省しています。

「父の場合」

父の場合は、生前から折にふれて、あの世や信仰に関する話を家族とよくしていました。父は、あの世については、「ある」方に賭けていたと思います。父の亡くなる十日ほど前に、病室に家族全員が揃った際、弟が「お父さん、今日は大切な話をしたいのだけれども……、死んで行く覚悟はできている？」と訊ねたことがあります。父は「できているような、できていないような」とゆっくり言葉を返し、「もう後、四、五日のような気がする。もしも最期に意識がもうろうとしたら、何もしなくてもよいけれど、皆に傍に居てほしい。そうしたら眠るように静かに〝イケル〟気がする」と言いました。父が言ったこの〝イケル〟という言葉は、目的地に向かうという意味合いの「往ける」を使ったのではないかと思っています。死に向かう過程において、父の本心はどうだったかはわかりませんが、死に対する恐怖心は周囲にはほとんど感じとれませんでした。それは、これから向かう「あの世」に対する希望を持っていたからではないかと思います。このことは、看取る側にも安心感をもたらしてくれました。

「母の場合」

母の場合は、最後の七、八年間は認知症がみられ、面と向かって死や死後の生、あの世、死に対する不安などについて語り合うことはできませんでした。その母が、それまで「どのような価値観をもって生きてきたのか、どのような信仰心があったのか、なかったのか、何を大切にして生きてきたのか」などについては、正直、わからない面があります。高校を卒業して以来、家を離れて学び、仕事に就いていたこともあり、それらのことについて真正面から母と話し合い、意見を交し合ったことがなかったからです。食事や一家団欒の時間には、これらの話題が家族間で行き交ったことはありますが、思い起こしてみても、母の本心・真意を正確に汲み取れていないように感じます。

ただし、認知症が見られるようになったころ、母と交わす会話の中には、亡くなった夫、自分の母親、祖父母、あの世のことなどがよく出てきていました。たとえば、「今夜、向こうに往くのでオーバーコートや靴を準備して」とか、「もう向こうに往く」「あちらにお父さんとおじいちゃんが待っている」「これからお前たちも私と一緒に向こうに往くから、出かけられるように支度をしなさい」などです。「向こう」とはあの世を指していたように思います。

「お母さん、あの世はどんな世界だと思う?」と訊いたこともありました。そのときは否定せずに「さあ」とか「よく分からない」と答えていたように思います。これらのことからも、母には「死後」「来世」「あの世」「死んでから行く世界」の概念があったように思います。認知症のせいもあったのかもしれませんが、「死」に対する恐怖心、不安感というような感情が伝わってくることはありませんでした。母は、死に対する恐怖心に怯えることなく、いのちの自然な営みである「死」を静かに受け入れ、逝ったように思いますが、母が元気なときに「生き死に」に関することがらをきちんと話し合っていなかったことについては悔いが残ります。

介護者側のあの世に対する賭け

祖母、父、母の介護や看取りにかかわった弟と私は、「あの世」に対しては「ある」方に賭けています。介護する側としては、彼らをこの世からあの世へとしっかり旅立たせることをめざしていたため、家族の死に対する恐怖心はそれほど大きくはありませんでした。小さいころから「人はどこから来るんだろう、何のために生まれてくるんだろう、死んだらどうなるのだろう」ということを、考え続けてきました。納得のいく答えがほしくていろんな本を読んだり、宗教の教えにも触れてきました。自分なりの「あの世観」を育むことは、介護・看取りを実践するうえで大切なことではないかと思っています。

「あの世」「来世」「生まれ変わり」「死後」などに関しては、最近では医師、心理学者、大学の研究者などにより、退行催眠を用いた研究や療法、臨死体験の証言に関する研究、母親の胎内にいるときの記憶をもつ子どもたちの証言に関する研究など、数多く報告されています。これらの中には、一定の枠内でほぼ共通する仮説として指摘されているものもあります。あの世が「ある」ほうに、あるいは「ない」ほうに賭けるにせよ、この世に生を享けている者として、一度、きちんとこのことに対峙し、自分なりに腑に落ちる答えを見出そうとする態度は大切ではないかと思います。

【引用文献】

（1）朝日俊彦著『笑って大往生』洋泉社、二〇〇三年、一八四頁。
（2）B・パスカル著・松浪信三郎訳『パンセ』平凡社、一九六七年。
（3）岡部健医師のお迎えに関する調査結果については、奥野修司著『看取り先生の遺言 がんで安らかな最期を迎えるために』文藝春秋、二〇一三年を参照、引用した。

第8カ条

介護される人の思い、望みを第一に介護すること大事なり

介護を実践するにあたっては、相手の思いや望みを第一にしてかかわることが大事ですが、介護期間が長くなったり、介護される人のわがままが高じてくるとそうはいきません。介護者側の考えや、やり方で介護をしてしまうことがあります。また、認知症があったり、言葉を発することができないような人の場合は、その人の真意を汲み取ることは難しい場合があります。さらには、相手の望みのままに介護を行っていると、本人や介護者にも不都合や問題が生じる場合もあります。ここでは、介護される人の思いや望みを第一に介護することの大切さや意味、難しさについて考えてみたいと思います。

相手の身になりきって考えることは難しい

折に触れて、引用させてもらう新聞の記事があります。それは二〇〇四年一月二十八日の産経新聞（朝刊）に掲載されたものです。がん看護専門看護師であった石橋美和子さんは愛知県がんセンター病院に勤務するがん看護のスペシャリストでしたが、自分ががんであることが判明してから一年あまり、最期まで自らの病名を明らかにしないで、死と向き合うがん患者さんやその家族を看護し、四十歳で亡くなった方です。石橋さんは、自分が進行性の胃がんであることがわかったとき、知人に「ある意味、ホッとした」ともらしたそうです。それは「この看護師さんなら私の気持ちをわかってくれる」という患者さんと接すると、「がんになっていないのに患者さんの気持ちはわからない」から苦しかったといいます。しかし、彼女は最期まで「少しずつ患者さんの気持ちがわかるようになった気がするが、わかったとはいえない」と医師に話していました。とても深く、重い言葉だと思います。

自分が「がん」になっても、がんになった人の気持を相手と同じようにはわからないということです。したがって、介護についても同じことがいえます。介護される人の気持ちを汲み取り介護することが大事だとはいうものの、相手の気持ち・真意は、相手と同じようにはわかりえないということです。このことは素直に認めたいと思います。しかし、「他人の気持ちなどわからなくて当然」と居直るのではなく、相手の思いや望みをわかろうと努力し、そのことを第一に考えて介護することは大事なことです。

人には「同感」という能力がある、ということについて

すでに亡くなっていますが、ジョイス・トラベルビーというアメリカの看護論者は著書のなかで「同感」という概念を取り上げています。彼女は「同感の能力は、共感のプロセスから生じる。それは共感を越えた段階であり、同感には苦悩をやわらげたいという基礎的な衝動や願望がある」「同感が内に秘めているのは、他人の不幸や苦悩についての本当の関心であり、苦しむ人を援助したいという願いに結びついている」「同感的な人は、他人の苦悩を感ずるのである。彼はそれによって心が動かされ、その状態を助けたり、やわらげるような何かを、積極的に行おうと願うのである」[1]としています。「相手の身になりきって考えることは難しい」とはいうものの、同感的な人は「他人の苦悩を感じることができ、心動かされ、その状態を助けたり、やわらげるような何かを行おうと願える存在である」ということです。勇気を与えられます。相手に対して同感的な介護者であれるかどうか、それは介護をするうえで大切なことです。

仏教の教えに学ぶ介護される人の思いや望みを第一に介護するための基本姿勢

介護される人の思いや望みを第一に介護するためには、まずは相手とのよい人間関係を築くことが求められます。信頼できない人、嫌いな人には心を開くことができず、良い人間関係を築くことはできません。仏教の教えからも、相手とのよい人間関係を築くうえで大切なことを学ぶことができますが、これについては、第2カ条で取り上げています。このような基本姿勢があってこそ、相手をわが身に置き換えて関心を払うことができ、介護される人の思いや望みを汲み取る第一歩になるのではないかと思います。ここでは、相手の思いや望みを汲み取るうえで大切なことを、仏教の教えからみておきます。

「人間は自分が一番愛しい存在である」という教え

「どの方向に心でさがし求めてみても、自分よりもさらに愛《いと》しいものをどこにも見出さなかった。そのように、他人にとってもそれぞれの自己がいとしいのである。それ故に、自分のために他人を害してはならない」（『ウダーナヴァルガ』第五章一八偈）という教えがあります。この世で一番愛しい存在は自分自身であり、人間は本来、自己中心に物事を考え行動する生きものであることを認めてもいいということで、少しほっとします。ただし、みんな自分が一番かわいいのだから、わが身に引き比べて相手を傷つけたり、害を与えてはいけないということにつながっています。介護を実践するうえで、まずは心しておきたい教えです。

「縁起《えんぎ》」の教え

この教えは仏教の基本的なものですが、簡単に言えば、すべての現象はさまざまな原因（因）や条件（縁）が寄り集まり、相互に関係しあって成立しているものである、ということです。介護される人の思いや希望も、無数の原因や条件が互いに関係しあって生じていると考えられます。健康な人と大きく異なる点は、身体的な差し支えがあるため、日常生活における基本的なこと、たとえば移動、入浴、排泄、食事などの全部あるいは一部において、他者からの援助を必要とする状態にあるということです。ついては、このようなことから生じる必要・欲求・不満・難儀・切なさ・辛さ・恥ずかしさ・悲しみなどに思いを馳せながら、相手の思いや望みを汲み取りかかわっていくことが求められます。

「身口意《しんくい》の三業《さんごう》」の教え

「身口意」の「身」は身体、「口」は「語」とも漢訳され、「意」は心意もしくは思慮を意味します。私たち人間の一切の業（行為）は、「身業」（身体的行為）、「口業」（言語表現）、「意業」（心意作用）の三業によって包括されるということです（中村元他編『岩波仏教辞典』）。つまり、介護する側は、介護される人の身と口と心でなされる行為から、その人の思いや望みを汲み取ることになります。なかには、難病や病の後遺症などから自らことばを発することができない人がいたり、認知症を発症していてその心意を汲み取ることが難しい場合もありますが、この教えは相手の意を汲み取るうえで基本となるように思います。介護する側も、自らの身口意の三業を通じて、介護が進められることになります。

「七覚支《しちかくし》」の教え

この教えは、「心の状態に応じて、存在を観察する上での注意・方法をまとめたもの」です。介護される人の思いや望みを汲み取るうえでの注意点、方法の示唆になります。次のような七つの大切なことが記されています。（中村元著『広説佛教語大辞典中巻』東京書籍）

まず、「よく思いをこらす」ことです。相手の思いや望みを判断する際には、よそ事を考えず相手に思いを集中し、よく観てそれを判断することが求められます。

次に「よく法をえらび分ける」ことが挙げられています。これは、相手のさまざまな側面の希望や思いを判断し、優先順位も意識しながらかかわることにつながります。ただし、相手にとって望ましくない状態・状況を招くような思いや希望の場合には、介護する側の判断でかなえられない状況も起きてきます。

三つ目に「よく努力する」ことが挙げられています。一心に努力することですが、相手の真意を汲み取り、介護するうえで求められる姿勢・態度に重なるでしょう。介護を振り返ってみると、案外難しいことのように感じます。なかには「介護してもらって当たり前、努力してもらって当たり前、自分の望みを聞いてもらって当たり前」というような態度をとる人もいるかもしれません。そのような場合は、素直に相手を受け入れられないこともあるかもしれませんが、それを乗り越えていく努力も必要です。

四つ目に「よく喜びに満ち足りる」とあります。これは、介護を通じて相手の望みがかない喜んでもらえたときに、介護している者も共に喜べること、と考えていいのではないかと思います。介護をしていて、母のほっとした顔、安心した様子、笑顔を目にしたときには、介護する側もうれしくなりました。

五つ目に「心身が軽やかになる」というのがありますが、そのまま、心や身体が軽やかで快適であることだと思います。相手の心身が少しでも軽やかになることを目標にしつつ、介護する側も、自らそれをめざすことが大事だと思います。

六つ目の「精神統一」とは、他のことに心が乱されず、集中して介護できる状態であるかどうかということに重なると思います。介護を実践していると、心が乱れたり、不安定になったり、腹が立ったりすることがあります。四六時中、心を乱さず、集中して介護することはできません。そのような意味でも、時には、静かに精神状態を整える時間を持つことも大切です。

最後の「心の平静安定」とは、介護する者の心が穏やかで落ち着いていて、いらだったり、慌てたりしない状態でいられるかどうかだと思います。介護を実践していると、心をそのような状態に保てないことも生じてきます。家族で介護をしている場合は、お互いが心の平静安定を保てるように協力し、助け合うことが求められます。

介護される人の思い、望みを第一に介護することの実際からの反省と学び

「介護の拒否」が相手の思いや望みである場合

介護をしていて、相手から介護を拒否される場合があります。介護する側が必要だと思うことと、される側の思いや望みとの間に齟齬をきたすことがあるということです。たとえば、身体を清潔にすることは、健康を維持し、快適な状態を保つうえで必要なことと考えますが、人によっ

てはそれを拒否する場合があります。母に認知症がみられるようになってからは、清潔を保つ行為を嫌がるようになりました。入浴すること、清拭すること、洗髪すること、足や手を洗うこと、衣類の着替えをすることなどを拒否するのです。「どうしていやなの?」と聞いても、「いやなものはいや!」と言うばかりです。「面倒くさい」「裸になるのはいや」「寒いのはいや」「衣服を脱いだり着たりするのはいや」などの理由があるのかもしれません。では、さまざまな側面の介護を拒否したり、生活に必要な行為を受け入れようとしない人、言葉を換えれば「介護の拒否」が相手の思いや望みである場合には、どうすればいいのでしょうか。

先ずは、拒否の理由や原因を探る必要があります。必ず理由があるはずです。次に相手の「拒否」を受け入れれば、どのような結果につながるかを判断することが求められます。一時期、入浴や着替えをしなくても命にかかわることはありませんが、素人の判断では判りかねることも起きてきます。たとえば、食事を拒否する、水分を摂らない、入浴や清拭などをいやがり皮膚が汚れ乾燥し落屑が多くなる、洗髪をいやがり頭皮が不潔になるとともに炎症がみられる箇所がある、などの場合は専門家の判断・処置・ケアが必要になります。このような場合には、主治医、訪問看護師、ケアマネージャーやヘルパーさんなどに相談するのがいいでしょう。介護される人の思い、希望を第一に介護することが大事だとはいっても、介護者側の状況判断は必要です。専門家に相談し、アドバイスを受けるとともに、専門家にケアしてもらうことも必要となります。

適切な時期に介護サービスを受けることも求められます。

「早く逝きたい、もう終わりにしたい」というのが望みの場合

たいていの人は「元気で長生きしたい」と思っているように感じますが、介護を受けている人のなかには「早く逝きたい、もう終わりにしたい」と、望む人もいます。そのような場合は、そう言わせる理由があるはずです。たとえば、介護を受けながら生活することに生きる意味や価値を見いだせなかったり、希望が持てず絶望感があったり、家族や他人の世話にならなければ生きていけないという現実に怒りや罪悪感があったり、病苦に苛まれていたり、うつ状態に伴うものなど、さまざまな要因が考えられます。

たとえば、がんや難病、疾患の後遺症から介護を必要としている人、年齢が若く介護を必要としている人、不慮の事故などに巻き込まれて生涯介護が必要となった人、要介護5などのように程度が高い介護を必要としている人のなかには、さまざまな要因から「もう終わりにしたい、楽になりたい」と望む人もいるかもしれません。

「早く逝きたい、もう終わりにしたい」という望みの背景にも、必ず理由があるはずです。その直接的理由、間接的な条件を明らかにして対処することが求められます。原因・理由がわかれば具体的な解決策も生まれます。場合によっては、理由がわからないまま訴えが続くこともある

かもしれません。そのようなときには、主治医、訪問看護師、ケアサービスセンターの方に相談し、然るべき専門家を紹介してもらうことも必要でしょう。

母は認知症がありましたが、時に「もうあちらに逝きたい、死にたい」「一緒に逝こう、あなたも早く逝く準備をして」などと言うことがありました。「どうしてそう思うの?」と訊くと、はっきりは答えませんでしたが、母は母なりに、体もしんどく、家族の世話になりながら生きているのは辛いからもう終わりにしたい、という思いになるときもあったのかもしれません。しかし、「長生きして、少しでも長くあなたたちと一緒に居たい」と、言うときもありました。母がそのようなことばを発するときにはそう思わせ、口にさせる理由があったのだと思います。人間の心は常に揺れ動いていて、瞬時たりとも同じではありません。このことを念頭に入れて相手に向き合い、ことばの裏にある気持ちを汲み取りながら介護することが求められます。

介護を受けている人のなかには「もう終わりにしたい、楽になりたい、早く逝きたい」と、心底願う人もあるかもしれません。たとえ理由があったとしても、寿命としての自然な生命の在りようを、作為によって絶つことは、宗教的、倫理的、法的側面からみて問題があると考える人、その状況からみれば、その人の希望をかなえてあげることが、むしろ人間的であり、尊厳ある生き方を受け入れることだと考える人もいます。難しい問題ですが、個々人がきちんと対峙し、考えることが求められます。

心しなければならないことは、「早く逝きたい、もう終わりにしたい」という介護される人の思いの原因が介護者側にある場合です。家族、主治医、訪問看護師や介護者、ヘルパーさんたちのかかわりや対処法に問題があって、介護される人をそのような気持ちにさせてしまう場合です。あってはならないことですが、あり得ることです。家族とのかかわりにおいて問題が解決しない場合には、施設に入ってもらうことも必要になるかもしれません。主治医や訪問看護師、介護者との関係に原因があるときには、別の専門家に代わってもらうことも必要になるでしょう。いずれにしても、介護する側は常に相手の立場にわが身を置き換えて行為、援助することが大切です。このことは、相手の思い、望みを大切にした介護につながるものと考えます。

仏教の教えを大切にした介護の立場からみた対応

仏教では、生きものを殺すこと、生命あるものを殺すことは罪の中で最も重いものとされ、不殺生はただ殺さないというだけでなく、その生命をよりよく生かしきるという積極的な意味を含んでいます。また、仏教では「自殺」のことを「じせつ」と読み、一般に殺生《せっしょう》は十悪の一つに数えられ禁じられていますが、病などで死期が間近い病人が、病に苦しみ、自らの存在が僧団の他の比丘《びく》（仏門に帰依して修行する修行僧のこと）らに多大の迷惑をかけているとの自覚の結果、自発的な断食・断衣・断薬などにより死地に赴くことはその限りではない、とあります（中村元他編『岩波仏教辞典』三四九頁）。

この教えからだけで判断することは問題があるかもしれませんが、死をもたらす意図をもって、作為によって生命の短縮・断絶を行なう安楽死については否定的な立場をとってもいいのではないかと思います。しかし、状況によっては、積極的治療や延命医療を実施することを止め、人間としての尊厳をもって死を迎えたいという尊厳死については、受け入れてもよい場合があるのではないかと思いました。

ただし、このような事例も目にしました(2)。日本医師会・読売新聞社主催の第三四回「心に残る医療」体験記コンクールで、厚生労働大臣賞を受賞された杉本眞由美さんの体験談です。小6、小2、幼稚園に入園したばかりの3人のお子さんを持つ杉本さんはご自身が三五歳のとき、ご主人がＡＬＳ（筋萎縮性側索硬化症）と診断されました。3人の幼い子供さんたちと家族全員で二十四時間介護を行なったそうですが、ご主人は拒絶していた人工呼吸器を奥さんの責任のもと装着することとなり、「呼吸器をはずしてくれ。死なせてくれ」と文字盤で訴え続けられたそうです。

杉本さんはそのご主人に対し「いっしょに最後まで、せいいっぱい生きぬいていこう、まだ子供との思い出づくりは終ってないよ、生きてさえいれば、どんな体になっても、これからたくさんの楽しい思い出を作ってゆけるよ、いつまでも、ずっといっしょにいるから」と何度も説得し続けました。そして、ご主人は、十年を超えて在宅で療養生活を続け、幼かった３人の子供さんたちの長女は看護師、次女は薬剤師、長男は理学療法士になるための大学４年に在学中ということでした。その人の置かれている環境、状況によっては、介護という行為を通じて、その人の生命、人生をよりよく生かしきることが起き得るということを学んだように思います。

【引用文献】

（１）ジョイス・トラベルビー著、長谷川浩・藤枝知子訳『トラベルビー人間対人間の看護』医学書院、一九九四年、二〇九、二一〇、二一二頁。
（２）取り上げた入賞作品の内容は、二〇一六年（平成二八年）二月七日（日曜日）の読売新聞朝刊の広告記事（一四面）より引用した。

第9カ条

介護は「いのち」の学び、「人生」の修行なり

介護をしていると、さまざまな場面を通じていのちの「老病死」に伴う苦しみ、つらさ、不安、悲しみ、怒り、切なさ、腹立たしさ、情けなさなどの感情を味わうことがあります。もちろん、喜び、有難さ、感謝、うれしさなどのプラス面の感情もありますが、介護される側、する側に共通するものとしてマイナス面の感情も生じます。そのようなとき、「介護は人生の修行である」と感じることがあります。一方、「人間とは」「いのちとは」「生きるとは」「人生とは」「死とは」などの大事なことがらに対峙させられ、考える機会を与えられることも事実です。介護は「いのち」の老病死そのものへの直接的なかかわり・行為であり、また、いのちある者同士のかかわり合いです。したがって、介護の場面において、いのちをめぐるさまざまなことがらについての疑問、問題などが生じます。「いのち」について考えることなく、介護は実践できないように思います。介護は、「いのち」の学びそのものであり、同時に「人生」の修行の場であると感じています。

あらためて「いのち」とは

人間には「いのち」があるということについて否定する人はいないと思いますが、いざ、「いのちとは何か」と問われても、容易に答えることができないように思います。「いのち」について表現する場合、「いのち」「命」「生命」という言葉を使います。和語である「いのち」には「命」という漢字が当てられ、多様な意味あいがあります。命は生きていくためのもとの力・原動力となるものであり、生きている間、一生、生涯、寿命、運命、天命などの意味があり、また、命には、最も大切なもの、唯一のよりどころの意もあります。ひらがなで表現する「いのち」も、この漢字一字の「命」の概念に重なるようですが、より主観的で、終わりのない永遠のいのち観に通じるように思います。

一方、「生命」のほうは生物と無生物を区別するいのち、生物に特有な生命現象や活動を客観的に表現するニュアンスが強いようです。この生命現象としての「生命」には限りがあり、必ず終わるときが訪れます。おそらく「いのちとは何か」という問いは、人間の歴史とともにあり続けるものでしょう。この問いに対して、簡潔で明快な定義を与えることは難しいように思います。

介護は「生命」と「いのち」が交錯する場

介護は、人の「生命」と「いのち」が複雑に交錯し、展開する場です。介護を必要としている人に適切な介護が行なわれなければ、その人の限りある「生命」は終焉を迎えます。

たとえば、介護者が生命現象としての血圧や脈拍などの値を見誤ったり、異常を見落としたり、あるいは、生命維持装置の不適切な扱いや操作が、相手を生命の終焉へと導いてしまうことがあります。逆に、適切な介護が行なわれ、状態が安定していたとしても、介護を受けている人から「このような状態で生きているよりも、死んで永遠のいのち得るほうがいい」と言われることがあるかもしれません。なかには、意図的に栄養補給のチューブを抜くなど、生命維持の不都合につながるような振る舞いをする人もいるかもしれません。

「生命・いのち」をめぐっては、介護する側にもいろんなことが起き得ます。疲労が重なって、たとえば、高血圧、不眠、食欲不振、うつ状態などを招き、生命現象に影響するようなことが起きるかもしれません。また、介護がこんなにつらく大変なら、「相手と一緒にもう終わりにしたい、死にたい」という思いに駆られる人もいるかもしれません。場合によっては、「辛そうな状態から解放してあげたい、逝かせてあげることのほうが幸せかもしれない」という感情から、生命維持装置のスイッチをオフにするような行動に駆り立てられる人も絶対にいないとは言えません。

介護の場においては介護される側、する側の双方に「生命・いのち」をめぐるさまざまな問題が起きる可能性があり、真っ向から対峙されられます。これらを避けて通れないのが介護の場です。このような意味合いにおいて、介護は「生命」と「いのち」の学びの場そのものといってもいいでしょう。

「介護は人生の修行である」いうことについて――●

『広説佛教語大辞典中巻』（東京書籍）には、「修行」とは①実践すること、行うこと、②努力すること、③難行、苦行、などとあります。介護という実践行為を振り返ってみると、この意味合いに重なるものがあります。また、「修行」は自己をきたえてくれるものでもあると思います。

介護は介護者に対してプラス面のみならず、マイナス面の体験もさせ、時には心身にその影響が出てくる場合もあります。たとえば、介護のために仕事を辞めざるを得なかったり、介護の期間が長く続いたり、介護に充てなければならない時間が多かったり、介護される人がわがままだったり、経済的に厳しくなってきたりする場合には、心身のバランスを崩したり、窮地に追い込まれることがあります。このような状況に向き合い、困難や問題を解決していくことは、ある意味で人生の修行に重なるように思います。

そして、この修行は人間を成熟へと導いてくれるようです。成熟している人とは、簡単にいうならば、自らの心のコントロールに長けている人といえるかもしれません。仏教では、この世的な肉体を中心とした迷いを吹き消した状態にいたることを「涅槃」といいますが、人間はこの涅槃の境地をめざしている存在のように思います。この世のさまざまな苦しみの中にあっても、その苦しみにもがきおぼれることなく、それらの苦しみを客観視し、達観視できるようになることが「涅槃寂静《ねはんじゃくじょう》」の境地です。この境地に人間的成熟を重ねることができるように思います。介護は、「生命・いのち」をめぐるさまざまな問題や苦しみに人を対峙させ、それらの意味を考えさせ、それらを乗り越えさせてくれる場であり、体験でもあります。そのような意味合いにおいて、介護は人生の修行の一つでもあり、同時に人を成熟へと導いてくれるように思います。

介護を通じての「生命・いのち」ついての学びとは

一つには、介護を通じて、身体の健康や生命維持のしくみについて学ぶ機会が与えられます。われわれの周りには健康食品やサプリメント関連の情報が溢れ、テレビでは健康をテーマにする番組がよく放送されています。現代人は、健康志向や若さへのこだわりが強いように感じられますが、成長発達段階に合わせた健康や身体のしくみなどについての学びの機会は意外と少ないように思います。その点、介護を実践していると、生命を維持するうえで必要な基本的知識が求められ、健康であることの大切さを考えさせられます。

たとえば、生命現象の観察につながる呼吸、脈拍、血圧などの測定の仕方やその正常値、また、生命を維持するうえで必要な「食べること」「排泄すること」「眠ること」「活動すること」などについての基本的知識を身につけざるを得ない状況下におかれます。さらには、身体の清潔を保つために必要な清拭や足浴の方法、寝たままでの洗髪の仕方、陰部の洗浄の仕方、下着や寝巻きの着替えさせ方、シーツ交換の方法、食事のさせ方、床ずれ予防の方法、体の向きの変え方、ベッドから車椅子への移し方など、身をもってそれらの技術を身につけることができます。

二つには、介護を通じて「生命・いのち」をめぐるさまざまな価値観、考え方が問われることから得られる学びです。介護を受ける人の状況によっては、たとえば「予後不良の病についての説明」「延命医療を受けることの是非や取り止めの決定」「※1胃ろうの造設や中止に関すること」「※2リビングウィル」「※3エンディングノート」「尊厳死・安楽死に関すること」などに対峙させられることがあります。介護される本人がこれらのことについて悩んだり、本人と家族との考え方や価値観に相違が生じることもあります。そのような場合は、共にそれらの問題に向き合い、お互いに納得がいく答えを見いだせるようにしなければなりません。介護する者も自分の問題として考えさせられ、「生命・いのち」についての学びにつながります。
三つには、二つ目のことがらと連動しますが、介護を通じて自らの「いのち観」「死生観」を育めるということです。これらは、自分が介護される立場になったとき、介護者に対して「してほしいこと、してほしくないこと」、場合によっては「自分が望むやり方」までもきちんと伝えることができるようにしてくれるでしょう。このような介護者側の「いのち観」や「死生観」は、「生命・いのち」をめぐるさまざまなことがらを相手と共に考え、対処していくうえでも必要なものです
四つには、「生命」の終わりや、終った後の対処について学ぶことができます。介護の先には看取りがあり、看取りの先には葬送や供養、さまざまな後始末、手続きが求められます。これらについては、第6カ条で取り上げています。

介護の実際からの反省と学び

母の「いのちの自然」を尊重した介護

母は認知症があり、本人のいのち観、死生観を把握することは難しい状況にありましたが、介

護を受ける前には、「家で最期を迎えたいこと」「何があっても救急車で病院へ運ぶようなことはしないでほしいこと」「延命治療はしないでほしいこと」などを話していましたので、母の意向通りに事を進めました。主治医や訪問看護師にもそのことを伝え、了承してもらいました。母は亡くなる十日ほど前から食べ物を嚥下できなくなり、むせるようになりました。それまでも何度か、食べられなくなったことはありましたが、主治医から点滴をすれば回復の見込みがあるかもしれない、と言われたこと、水分などもむせることなく飲めていたこともあり、点滴をしてもらったことはありました。

しかし、亡くなる十日ほど前の状況は、食べ物も、水も嚥下することができない状態だったため、点滴や経鼻チューブでの栄養補給はしないという選択をしました。飲まず食わずの状態が九日間続いた後、眠るように静かに息を引き取りました。生命力のすごさに驚きました。九六歳の母が口から食べられなくなったのは、「いのちの自然」であり、そのような母に対して延命のための点滴をしたり、チューブで栄養補給をすることは、「自然ないのち」の在りようから外れる行為のように思われました。母に延命措置をしなかったことについては、後悔はしていません。

「自然死」は、いわゆる餓死である？

母は老衰死であり、自然死だったと思います。中村仁一先生の著書『大往生したけりゃ医療とかかわるな『「自然死」のすすめ』（幻冬舎新書）のなかに、「自然死のしくみ」に関することが書いてありました。「自然死」の年寄りはごくわずかだそうですが、「自然死」は、いわゆる〝餓死〟で、「飢餓」により脳内にモルヒネ様物質が分泌され、「脱水」により意識レベルが下がり、「酸欠状態」により脳内にモルヒネ様物質が分泌され、「炭酸ガス貯留」により麻酔作用があり、死に際は、何らの医療措置も行わなければ、夢うつつの気持ちいい、穏やかな状態になる、これが自然のしくみである、とありました。母の老衰死もまさにこの自然死に重なります。

点滴注射をせず、口から一滴の水も入らなくなった場合、亡くなるまでの日数は七日から十日ぐらいまでが多いこと、排尿は亡くなる二〜三日前まではあるようですが、母の場合もまさにその通りでした。飲まず食わずの状態になってから亡くなるまでの九日間、何もせずに見守ることについては少し戸惑いを覚えましたが、「飢餓」と「脱水症状」は、穏やかで安らかな「自然死」をさせてくれるということを、改めて学んだような気がします。母は餓死の状態で亡くなったのかもしれませんが、それは「いのちの自然」「自然ないのち」を尊重した最期であり、死ぬべき時期に亡くなったのだと思っています。

介護を通じて真正面から向き合えた「生命・いのち」

十数年に及ぶ母の介護を通じて、晩年に向かう人間の身体的、精神的、社会的過程を日々目の当たりにしながら、それを自分に重ねて学ぶことができました。たとえば、「排泄」という行為についてですが、母は、最初は自分でトイレに行って用を足し後始末をしていましたが、次にはベッドの傍に置いたポータブルトイレで用を足すようになり、その内、自分ひとりでは移動できなくなり他者に抱えられて用を足し、お尻も拭いてもらうようになりました。そして、ときどき尿や便を失禁するようになり、おむつを当てなければならなくなりました。そのような母の身体や日常生活における変化・変調に対応しながら、自らの健康のありがたさ、当たり前の日常に感謝できるようになりました。

笑われるかもしれませんが、四十代後半頃から、就寝前に分かる範囲内で体の各臓器・器官の名前に「さん」付けをしながらことばにし、「今日も一日ありがとうございました」と感謝して眠りにつくようにしています。母の介護を通して、より以上に自身の身体に感謝できるようになりました。このことも「生命・いのち」の学びの一つです。

年のせいもあるのかもしれませんが、自分が受けることになるかもしれない介護のこと、看取りのこと、そして自身の死や葬送のことについても真正面から向き合うことができました。そうなったときのことをイメージしながら、家族や他者になるべく迷惑がかからないようにするために、今から準備しておくこと、身辺の整理・整頓、物の処分に関すること、さらには、家族や介護者・医療者にしてほしいこと、してほしくないことなども具体的に考えることができました。

弟とも、これらについて話し合い、それぞれの意向を確認できたように思います。

体験的には語れませんが、介護の実際を子どもや孫にはしっかり見せ、実践してもらうことは大切なことではないかと感じました。介護経験は、「生命・いのち」をめぐるさまざまなことを考えさせ、いのち観、死生観を育んでくれます。ことばを換えれば、介護は家庭における「いのち教育」「死の準備教育」そのものであり、手段であるということです。家族の中に介護を必要とする人がいる場合には、子どもや孫を介護から遠ざけるのではなくいろんなことを見せ、体験させることが大事だと思います。また、介護経験は自分の体の仕組みや健康を考える機会を与え、あたりまえの日常生活や健康に対するありがたさに思いを馳せさせてくれます。小さいころからのこれらの経験は、その人の生涯にわたる健康生活や介護の実践に意味のあるものとなるでしょう。

「介護は人生の修行である」ということについて

母が要介護3の認定を受けた以降の日記を読み返してみると、そこには、十数回にわたり「介護は人生の修行であると思う」という記述がありました。前後の文脈からみると、介護に伴うマイナス面の感情から出てきたことばのように思います。介護を通じて、喜び、有難さ、うれしさなどの感情を味わうこともありますが、どちらかというと、いのちの「生老病死」に伴うつらさ、悲しみ、切なさ、腹立たしさ、情けなさ、やるせなさなどの感情を味わうことも多いようです。

これらの感情は、介護する側の家族同士の修行にも重なります。終始、家族間で互いに思いやりながら、助け合って介護できるかといえば、そうでない場合も生じます。このようなことからも、介護は人生の修行の場のひとつであり、機会でもあると感じました。

ところで、日記には「介護は人生の修行であると思う」とあるのですが、その現実から逃げたいとか、もう嫌だ、というような表現はなく、むしろそれを受け入れ、意外と前向きに取り組んでいることもうかがえます。介護を通じて体験・経験したこと、言葉を換えればそれら人生の修行は、多少なりとも自分を成熟に向けて導いてくれたのではないかと思っています。この修行体験は、いつの日か、誰かに介護されることになったときに、他者への感謝や有難さにつながっていくものと信じています。

ただし、これは個人の介護体験であり、誰にでも当てはまるものではありません。手にした新聞（二〇二〇年二月十一日の産経新聞朝刊）の一面に、「介護地獄『共倒れになっちゃう』」という見出しの記事が掲載されていました。「介護地獄」という表現にショックを受けましたが、そのような現実を味わっている介護家族もいるということです。そのためには、介護地獄を招いている直接的原因、間接的条件を明らかにし、問題の本質をあぶり出し、さまざまな側面からの対策、対応が必要になってくるでしょう。

注

※1　胃ろうの造設（口から食事がとれなくなったときに行なわれる処置の一つで、腹部の皮膚から胃に直接穴を開けて管を入れ、そこから栄養を注入する方法）

※2　リビングウィル（生前宣言ともよばれており、生前発効の遺言書でもある。治る見込みのない末期状態になったときのことを想定して、無意味な延命措置や治療を拒否するなどの意思・要望を書面に記しておくこと。そのような状態になったときに医師に提示して希望に沿った治療をしてもらうことができる）

※3　エンディングノート（自分の人生の終末期・臨終・死・死後などに関する意思を記載するノートである。法的な拘束力をもつものではないが、たとえば「尊厳死の意思の有無」「献体登録の意思の有無」「臓器提供の意思の有無」「死に場所の希望」「最期に会っておきたい人」「臨終に立ち会ってほしい人」「旅立ちの衣装のこと」「死に化粧のこと」「訃報を知らせてほしい人と不要な人」「形見分けのこと」「自分史のこと」など、自由に書くことができる。市販されているエンディングノートも多い）

第10カ条

介護する者、介護疲れに陥らぬための工夫が大事なり

新聞や雑誌で取り上げられる介護に関する記事を見ていると、配偶者や親など、身内の介護をしていて何の問題を抱えることなく、看取った後も悔いの残らない人は多くはないように思われます。介護される人・する人の状況・条件によっても異なるのかもしれませんが、介護が介護者の心身や生活に及ぼす影響はいろいろあるようです。とりわけ、介護の期間が長かったり、介護する人の数が少なかったり、介護に充てなければならない時間が多かったり、介護される人がわがままだったりする場合には、さまざまな側面の負担も大きくなります。介護疲れによる殺人・心中・自殺・虐待などの記事も目にします。ここでは、介護者側が介護疲れに陥らないようにすることの大切さについて取り上げます。

新聞で報じられた「介護疲れ」によるある事件

かつて、新聞（二〇一五年十一月二十九日の読売新聞朝刊）に、「介護10年 絶望の入水」という見出しの記事が掲載されました。認知症介護に疲れ高齢の両親と一緒に川に入り、母親を死なせ、父親の自殺を手伝ったとして、四七歳の娘が殺人と自殺ほう助容疑で逮捕された、という内容でした。容疑者は「お母さんの介護に疲れた。お父さんも死にたいと言っていて、3人で川に入った」「お金がなくて生活が苦しかった。私がやりました」と供述している、とあります。亡くなった八一歳の母親は十年ほど前に認知症を発症し、以来、容疑者である娘は仕事に就かず介護に専念してきたそうです。事件が起きたとき、家計を支えてきた七四歳の父親は病気で仕事を辞めて十日ほど経っていた、とあります。また、近所の女性は容疑者のことを「今時珍しい親孝行で、まるで親孝行の神様」と話しています。父親も認知症の妻を最後まで面倒をみると言い、施設に預けたり、公的支援に頼ったりする道を選びませんでした。事件の二十日前には介護サービスを申請し、三日前には生活保護の申請をしていたとのこと。心痛む事件です。

介護疲れによる殺人・心中・自殺の現状

高齢化が進むなか、「介護殺人」「介護心中」「介護疲れを動機とした自殺」などのことばや、関連の記事をよく見聞きします。「介護殺人」とは、簡単に言えば、介護している親族など、介護する側の人が介護の対象者を死に至らしめる殺人事件のことですが、今の日本において、どれくらい起きているのでしょうか。湯原悦子さんは、「日本における介護殺人の現場と今後の課題」について、警察庁の犯罪統計を紹介しています。それによれば、二〇〇七年から二〇一四年までの八年間に「介護・看病疲れ」を動機として検挙された殺人は三五六件、自殺関与は一五件、傷害致死は二一件であり、殺人ではないけれども、内閣府の自殺統計によれば、二〇〇七年から二〇一五年の九年間に「介護・看病疲れ」を動機とした自殺者数は二、五一五人、そのうち年齢が六十歳以上の者は一、五〇六人で、全体の六割を占めている、とあります。

また、介護殺人に見られる明らかな特徴の一つは、被害者は女性が多く、加害者は男性が多いようです。湯原さんの分析によれば、被害者は女性が七割、加害者は男性が七割を占めた、とあります。(1) いずれにしても、介護や看病疲れによって自殺をする人、介護疲れなどが高じて被介護者を虐待したり、時にはそれが殺害につながったり、介護者が被介護者と心中するなどの事件が起きているということです。介護疲れによる殺人・心中・自殺は、決して他人事ではなく、わが身、わが家族にも起き得ることとして捉えておくことが必要なようです。

どのようなことが原因で介護疲れとなり、殺人・心中・自殺につながるのか

介護疲れによる殺人・心中・自殺・虐待などの場合も、それらを惹起していると考えられる原因や条件が相互に関係しあって起きていると考えられます。在宅で介護する家族は、いろいろな側面の負担を抱えることは、すでに第5カ条で取り上げていますが、これらの負担が介護疲れを起こす原因や条件となる場合が多いようです。そして、介護者側の負担感がある限度を超えると、介護疲れによる殺人・心中・自殺・虐待などにつながることがあるように思われます。

介護に伴うさまざまな側面の負担は、相互に絡み合い、連動しながら介護者への負担を大きくしていきます。ある負担だけが介護者を介護疲れによる殺人・心中・自殺などへ仕向けるのではなく、それぞれの負担は並行しながら生じ、影響し合い、大きくなっていくように思います。冒頭で取り上げた事例からも、そのことを推し量ることができます。精神面や肉体面の負担もさることながら、経済面の負担が大きくなれば、人々の生活や生命を脅かす場合が生じてきます。それぞれの側面の負担がバランスよく緩和・解決されてこそ、介護殺人・心中・自殺・虐待などを

防ぐことにつながるものと思います。

したがって、どのようなことが原因や条件となって「介護疲れ」が起き得るのかを知っていれば、事前に対策を立てることができ、介護疲れを予防し、さらにはそれに起因する殺人・心中・自殺などを防ぐことにつながります。要は、介護者側の負担感が限界を超えないような対策を立てることによって、さまざまな問題を回避することができるでしょう。

介護者による虐待

介護者による「虐待」も大きな問題です。「虐待」が高じて介護殺人につながる場合があるからです。高齢者虐待の件数は、年々増加傾向にあります。厚生労働省の調査では特別養護老人ホームなどの介護施設で二〇一七年度、職員による高齢者への虐待が確認されたのは五一〇件で、十一年連続で過去最多となっています。施設職員による虐待の内容（複数回答）は「身体的虐待」が五九・八％で最も多く、暴言などを浴びせる「心理的虐待」が三〇・六％、「介護などの放棄」が一六・九％となっています。[2] 家族や親族など養護者による高齢者虐待も一万七〇七八件と5年連続で増え、過去最多となっています。二〇一五年度の調査では、虐待者は息子（四〇・三％）や夫（二一％）が多く、約半数のケースが虐待者と被害者だけで暮らしています。虐待が起きる要因としては「介護疲れや介護ストレス」(二五%)のほか、「虐待者の障害・疾病」(二三・一%)、「被虐待者の認知症の症状」(一六・一%)となっています。[3] 男性の介護者の虐待が多いようですが、虐待は、性別、年齢を問わず起き得るものと思われます。「虐待など自分にはあり得ない、考えられない」と思う人もあるかもしれませんが、他人事ではなく、誰にでも起き得るものだという認識も必要です。虐待されても自覚のない高齢者や、自分が虐待しているという自覚のない虐待者は意外に多いようです。家庭内での虐待の発見、防止に向けての取り組みは難しい面があるかもしれませんが、先ずは、介護する者が心身を上手に加減し、さまざまな側面の負担がある限度を超えないような対策や工夫が求められます。

事例に学ぶ五つの側面の負担と殺人・自殺幇助

最初に紹介した「介護疲れによる事件」は、五つの側面の負担が連動しあって起きた事件のように思います。もう少し早く、認知症のある妻であり、母親である本人を施設に預け、公的支援に頼っていれば、このような事件は起きなかったのではないかと思います。事件の二十日前には介護サービスを申請し、三日前には生活保護の申請をしていた、とありますが、「認可が降りるまで、もう少し待ってほしかった」と、残念でなりません。

認知症のある人への十年に及ぶ介護は、夫、娘に対して身体的、精神的負担をもたらしたものと思います。特に、三七歳から仕事にも就かず介護にあたってきた容疑者には、社会的負担とともに時間的制約から生じる負担もあったことでしょう。また、地域とのかかわりも持ちながら介護生活を強いられることは大変だったに違いありません。「お金がなくて生活が苦しかった」という言葉からも、経済的負担があったことも窺えます。事件が起きたときは、家計を支えてきた七四歳の父親が病気で仕事を辞めて十日ほどが経っていたとありますが、認知症のある母親と病気の父親のことを考えると、さらに経済的負担は大きくなるでしょう。今後、容疑者にかかってくるさまざまな側面の負担のことを考えると、彼女が希望をもって生きていくうえでの限界を超えてしまったのではないかと思います。そうならないためにも、介護者は、五つの側面の負担が起き得ることを認識したうえで、具体的な予防策を立てられる知識・知恵・技術などを身につける必要があります。

同じような環境に置かれている人との情報交換も役に立つかもしれません。近所の方や親戚縁者に相談することも一計ではないでしょうか。また、役所には介護に関する相談の窓口もあります。利用できる公的支援を申請すれば、介護者のさまざまな側面の負担の軽減にもつながります。時には、誰かの手に介護を託し、息抜きをする時間も必要です。いずれにしても、介護疲れが生じないような工夫が必要となります。

母の介護の実際からの学び

多かれ少なかれ、介護疲れは起きてくる

母の介護体験を通じて言えることは、多かれ少なかれ「介護疲れ」はたいていの人が経験するのではないかということです。したがって、介護疲れによる殺人・心中・自殺なども、状況・条件によっては、起き得るように思います。

母の介護期間は、「介護もどき」も入れると十四年に及びます。振り返ってみると、家族の身体的、精神的、社会的、時間的側面の負担は、母が要介護5の状態よりも要介護3のときのほうが大きかったようです。要介護3のときは家族との会話が可能であり、母からの要求・要望が多く、一方では介護者側の介護を拒否することも多くありました。そのため、介護者側の精神的負担は大きかったように思います。一日の排尿介助が十数回から二十回に及ぶ日が十ヵ月近く続いたことがあります。排尿時には、ベッドからポータブルトイレへ移動させ介助が必要となります。夜間の排尿が五回以上の日が続くと、介護する側も睡眠を十分にとれず、また、身体への負荷も加わり、腰痛や上肢の筋肉痛、関節痛に悩まされました。

何らかの工夫と対策が必要だったのですが、母は夜間のおむつ使用を頑として受けつけず、医

師に処方してもらった薬も効果なく、結果的には弟と交替で対応していました。このことは身体的、精神的負担になりました。要求・要望が多いと、社会的、時間的負担にもなりました。たとえば、母を一人にして出かけられないこと、仕事や時間の調整をしなければならないこと、自分の仕事に集中できないこと、介護にとられる時間が多くなることなどです。

母の認知症が進み要介護5の認定を受けてからは、拒否的態度もみられなくなり、家族は主体的、計画的に介護を実施できることが多くなりました。このことにより、さまざまな側面の負担も軽減したように思います。本人には気の毒ですが、おむつを使用するようになってからは、排せつへの援助が楽になりました。衣類・シーツ交換、食事や間食介助、身体の清拭、入浴、体位変換なども同様です。もちろん、さまざまな側面の負担はありますが、要介護3のときよりも軽減したように思います。

時には虐待に近いことも

介護者による虐待も、いずれの家庭にあっても起き得るのではないかと思います。母は、認知症が見られるようになってから、自己中心的でとてもわがままになりました。元気なときもその傾向はありましたが、介護を必要とするようになって、さらに強くなりました。こちらからの働きかけや援助行為に対しては、常に「いや!」と言って受け入れてくれません。あまりにも頑固に拒否し続けるときは、「少しは云うことを聞いて！」と言って、母の頭を指でコツンと突っついたことがあります。多分、数回はあったと思います。虐待の一歩手前です。いや、すでに虐待行為だったかもしれません。また、そのようなときの、こちら側のことばがけはきつく、無表情で、援助行為も荒っぽかったと思います。「気をつけなければ」と思いつつ、知らず知らずの内にそのようになっていました。

ある後悔をきっかけにして変わった母への介護態度

あることをきっかけにして、母に対する私の介護態度が変わりました。それは二〇一五年八月初旬、母が九二歳ときのことでした。母に対する私の態度にも問題があったのだと思いますが、母の機嫌が悪く、こちらからの話かけを無視し、何事も拒否するような態度が数日続いていました。そんなある日、下着や寝巻きを着替えさせようとしても言うことを聞いてくれず、強引に着替えさせようとしたとき、母は口角をぐっとあげ、鬼のような形相で私を睨みつけ、「いやなのはいや、着替えたくない、明子はいつも強引で嫌い、やさしくない」と言って顔を背けました。そのような母に対して、「そう、お母さんの好きにしたら」と返して着替えさせずそのままにしておきました。その翌日から、母の容態が今までとは異なり、反応が鈍くなり傾眠状態に陥りました。その日が土曜日だったこともあり、主治医に電話で容態を伝え指示を仰ぎました。猛暑が続いており、脱水症状をきたしていることも考えられるため、環境の温度調整、水分補給などをしながら様子を見ることになりました。

「ひょっとしたら、母ときちんと言葉を交わせないまま、このまま逝ってしまうのかも知れない」という思いとともに、前の日の母とのやり取り、私を睨みつけた母の形相が甦ってきて後悔と涙にくれました。もしもこのような思いのまま母と別れることになったならば、一生、悔やみ続けるに違いないと感じました。母が回復してくれるなら、母をあのような形相にさせることは二度としない、と心底思い誓いました。その後一週間ほどして、こちらからの働きかけに対して少し反応するようになりましたが、自分の方からは話しかけることは少なくなり、それまでの母ではなくなっていました。「時すでに遅し」だったのかもしれませんが、それ以降、母に対して、どのような場面でも腹立たしさ、苛立ち、怒りなどの感情を抱くことはなくなりました。

介護をしていて大事だと思ったことは、その先にある「看取り」の後、介護する側に「これでいい、十分に介護をさせてもらった。悔いはない」と思えるかどうかということです。介護に対する後悔、疑念、怒り、恥ずかしさ、切なさ、反省などの思いが、残らないようなかかわりをめざすことが大事であり、そのためにも介護疲れに陥らないための工夫が必要であり、心身の加減を上手にとることが求められます。

介護疲れの軽減に向けて

家族のなかに介護する者が複数いる場合は、状況に応じて役割分担や交替をすることができ介護負担は軽減します。介護に伴うさまざまなことを相談できる友人、知人、ご近所さんがいる場合も、負担を軽減するうえでの後押しとなるでしょう。また、無理をして家族だけで介護をするのではなく、介護認定を申請し、介護サービス支援センターからの訪問介護を受けることも一計です。直接的援助に加えて、介護負担に伴う問題の相談をしたり、アドバイスを受けることもできます。さらに、デイサービスを利用し、自分の趣味、娯楽を上手に日常生活に取り入れ、時には外出や買い物をしたり、映画を観たり、コンサートに行って気分転換を図るのもいいでしょう。介護疲れにならないために、時には上手に手を抜くことも必要です。

ただし、介護する人、される人が一対一の場合は厳しい状況になります。介護される人の状況や介護期間、介護する人の性別・年齢によっても違うかもしれませんが、体験からは、要介護5の認定を受けているような人を、最期まで一人で介護することは無理だと思います。便失禁をした母のお尻を拭い、汚れた臀部を洗い、衣類やシーツの交換を一人ですることは大変でした。このようなことが連続すればお手上げです。いずれにしても、一人で身の回りの世話をすること、常に観察が求められ気が抜けないこと、自分の時間がとれないようなことが続けば、介護疲れに陥るのは火を見るよりも明らかです。このような場合には、介護施設等のお世話にならざるを得ないでしょう。そのためにも、介護保険制度や介護認定申請、介護の場に関することなど、基本的な知識や手続きについて知っておくことが求められます。

「訪問看護」「訪問入浴」で軽減された介護疲れ

母が尿・便の失禁をするようになると、それまでよりも介護量が多くなり、主治医の勧めもあって、訪問看護ステーションと利用契約を交わし、毎週一回の訪問看護を受けることになりました。併せて、ケアサービス支援センターからの訪問入浴サービスも受けることにしました。それらのサービスを受けるようになり、わが家の在宅介護の在りようは大きく変わりました。一つには、訪問看護師の方に介護についてのよき相談相手になってもらえたことです。介護上困っていること、わからないこと、うまくできないことなどを相談でき、家族の精神的負担はとても軽くなりました。

二つ目は、元気なときの母の希望に沿い、最期は自宅で迎えさせたいと考えていたため、夜間、休日などに母が急変したときの対応について相談し、説明を受けられたことは精神的負担の軽減になりました。二十四時間体制で応じてもらえる訪問看護ステーションの存在は、何物にも変え難い安心感につながりました。訪問看護ステーション・担当看護師・その他の看護師さんたちの連絡先が記された用紙をケースに入れて、母のベッドサイドに置いていました。

三つ目は、主治医や訪問看護師、ヘルパーさんたちと協働してケアが受けられたことは、家族のさまざまな側面の負担の軽減になりました。毎週、訪問看護と入浴介助が受けられたことは身体的側面の負担の軽減になり、医師による定期的な訪問診療は、母の病状や予後についての説明も受けられ精神的安心を得ることができました。また、母にかかわってもらっている専門家たちは、母の情報を共有し、連携しておられ、家族としても安心できました。

四つ目は、介護者側の軽減された介護疲れとは直接関係ないのかもしれませんが、専門家のアドバイスや直接的援助行為により、何よりも母の体調が安定して、療養生活が快適になったのではないかと思います。訪問看護や入浴介助を受けるようになって一番よかったのは、母本人かもしれません。特に排便は自力では難しくなり、常時、摘便が必要でした。専門家である訪問看護師が実施してくれる摘便、臀部や陰部の洗浄、清拭などは、母が快適な状態を維持するうえでとても大切なものでした。同時に、これらのことは家族の身体的、精神的負担の軽減にもなっていたと思います。

介護される側も介護者への感謝と配慮を

病んで、老いて介護を受ける立場になると、人はわがままにならざるをえないこともあります。生活範囲や行動範囲が狭められ、思いどおりにならない療養生活が長く続けば、自分本位、自己中心的な考えや振る舞いになってしまうものなのかもしれません。しかしそのことが、さまざまな側面の介護者の負担となり、ひいては介護疲れを引き起こすことにもなります。介護される人のわがままによって、介護する家族に問題が生じたり、生活に支障をきたすようなことは避けたいものです。介護される者も、介護をしてくれる人のことを慮り「わがまま」を避ける努力も必要です。

また、介護される者も、世話をしてもらうことを当たり前のこと、当然のこととして受け止めるのではなく、介護してくれる人に対して、感謝の気持ちを「ありがとう」に込めるならば、介護する側の辛さ、疲れ、負担感も軽減するのではないかと思います。介護される側、介護する側の双方が、お互いによい影響を与え合いながら、事を進めていくのが望ましいと思います。

ただし、認知症やアルツハイマー病、難病を抱えている人の場合は、「介護者への配慮を」と望んでも、それは難しい状況下にあるように思います。このような対象の介護にかかわる場合は、介護疲れによる問題も、より生じやすいのかもしれません。そのためにも、介護者はそのような病気のことについて理解しておくことが求められます。また、利用できる社会資源に関する知識・情報には気を配り、活用し、また、専門家や身近な人たちの力を借りながら介護に臨むことも必要です。今現在、介護をしている自分も、いつか介護される日がくるかもしれません。そのとき、介護してくれる人に対して感謝し、さまざまな側面の負担をかけない自身でありたいと思っています。

【引用文献】

（1）湯原恵津子著「日本における介護殺人の現場と今後の課題」二〇一八年四月十五日、https://www.noppon.com/ja/currents/d00251/ にアクセスして引用した。
（2）平成三十一年三月二十七日の産経新聞日刊の記事を参照。
（3）厚生労働省の平成二十七年度高齢者虐待の防止、高齢者の養護者に対する支援等に関する法律に基づく対応状況等に関する調査結果より引用した。

第11カ条
介護の在りようを左右するは、死生観なり

介護の在りようを左右する要因の一つとして、介護する者の「死生観」を挙げたいと思います。もちろん、介護される人の「死生観」が、その前提になることは言うまでもありません。介護の延長線上には看取りが控えており、また、介護する者にもいつの日か介護され、看取られる日がやってきます。そのような意味合いからも、死生観は、介護される者、介護する者の生き様、死に様を左右するものです。ここでは、死生観がなぜ介護の在りようを左右するのかについて取り上げます。

死生観とは何か

『広辞苑』には、「死生観」とは「死と生についての考え方。生き方・死に方についての考え方」とあります。「観」とは、考え方や見解を意味するものなので、簡単に言えば生と死についての自身の考え方、受け止め方、と言ってもいいでしょう。もう少し具体的にいえば、「人は必ず死ぬ存在であり、自分もいつか必ず死ぬ」ということを前提として、「人はどこから、どのような目的をもってこの世に生を享けたのか、そして死んだらどうなるのか、どこへ往くのか」についても向き合ったうえで、「人生をいかに生き、どのような最期を迎えたいのか」という自身の考え方、価値観を明らかにしたものが死生観の基となるように思います。

また、死生観には、「生命・いのち」の生老病死をめぐるさまざまなことがらが含まれるため、死生観が影響するものは広範囲に及びます。たとえば、個々人の「人間」「人生」「家庭」「家族」「仕事」「結婚」「出産」「子育て」「教育」「健康」「老い」「病」「死」「死の迎え方」「葬儀」「死後」など、人間の存在や生活、生きかたをめぐるあらゆることがらに関係します。つまり、その人の基本的な死生観が、価値観、信念、信条の基となって生き方や生活を支え、具体的な行動を左右するものと考えられます。

定職に就いていたときは、毎年、職場での健康診断を受けていましたが、退職後は積極的に

「がん検診」や「人間ドック」を受けませんでした。サプリメントの類は適当に摂り、食事にも多少気を使っていますが、がんになる最大の危険因子は加齢だということですので、高齢者となった今では身体の諸器官、諸臓器に日々感謝しつつ日常生活を送ることを自らの健康観の基としています。これも死生観がその原点になっているかと思います。

また、妊娠中に胎児に「ダウン症候群」という先天性染色体異常があることがわかった両親がいたとします。そのような場合も、「人間の生命は卵子と精子の受精の瞬間から始まる」と考える人と、「母体から分離して誕生したときから始まる」と考える人とでは、生命に対する価値観が異なります。そのような生命に対する考え方が、その人の死生観となって、出生前診断や選択的中絶に対する判断・決意・行動を左右することになるでしょう。どちらが正しく、どちらが間違っているということではなく、その人の死生観、いのち観がその選択や結果を左右するということです。

被介護者の死生観が、介護の前提になることは言うまでもない

介護をするうえで、被介護者の死生観がその前提になることは言うまでもありません。介護者側がどのような死生観を育んでいたとしても、介護される人の死生観を尊重して介護をするべき

です。その人が平生から育んでいる死生観が法に触れない限り、それを尊重すべきだと思います。たとえば、自宅で介護を受けている高齢者が、「容態が急変し、反応しないような状態になっても、救急車を呼んで病院に運ばないでほしい」「食べられなくなっても、身体に管を入れて栄養補給をしたり、点滴をするようなことはしないでほしい」「急変しても蘇生術はしないでほしい」「葬式は家族だけで送ってくれたらいい」、というようなことを希望しておられる場合には、それが家族の意向と違っていても、本人の希望を優先すべきだと思います。これが相手の死生観を尊重した介護ということになりますが、このようなことを周囲に提示される人は、案外、少ないのかもしれません。

できれば、普段から、本人の考え方や希望を確認しておくことも必要ではないかと思います。しかし、死生観に関連するようなことがらを話し合う機会がないまま、意思疎通ができないような状態になってしまうこともあり得ます。そのような場合には、介護者側の考え方に基づき、判断をして行動すればいいのではないかと思います。そのためにも、介護者は、死生観に関連した「生命・いのち」をめぐることがら、それらに関する社会的問題や社会の反応、法に触れること、触れないことなどについての知識や情報を持っていることが求められます。同時に、介護者自らも死生観を育んでいることが大切です。

ところで、死生観は介護や看取りを受けるようになってから、あるいはするようになってからではなく、平生から成長発達段階に併せて、主体的、能動的に育んでいくものです。なかでも、家庭環境において自然に育まれる死生観は大切です。子供や孫たちに、介護や看取りの様子をしっかり目の当たりにさせ、手伝わせることは死生観を育むうえでの手段の一つとなります。

死生観は他人に押しつけたり、強要するものではない

死生観は人それぞれです。自分が大切にしている死生観であっても、それを他人に押しつけたり、強要してはいけないと思います。ただし、家庭、学校、社会などにおける「死生観とは何か」という共通の概念規定は必要であり、そのうえで、個々に死生観を育んでいくことになります。もしかすると、死生観を育んだつもりでいても、実際の場面において、その考え方、価値観が揺らいだり、真逆の行動を取ってしまうこともあるかもしれません。それはそれでいいのではないかと思います。死生観を育むことの意味を知り、自らそれを育もうとする姿勢や態度こそが大事なのです。普段から死生観を育んでいるならば、きっとそれに裏づけされた判断や行動が可能になるでしょうし、介護や看取りを受ける立場になった場合にも、周囲に対して、「してほしいこと」、「してほしくないこと」を伝えられるに違いありません。それが介護における望ましい姿ではないかと思います。

介護の実際に学ぶ死生観

母の死生観が介護・看取りの在りように影響したこと

母は認知症を発症する前に、「最期は家で迎えたい」「家で何かあったとしても救急車を呼んで病院へ運ぶようなことはしないでほしい」と話していました。「ちゃんとそのことを紙に書いておく」とも言っていたのですが、書いた紙は見当たりませんでした。これはある意味で、母なりの死生観のようなものが、自身の死に方、死に場所に対する希望として、そのようなことを言わせたのではないかと思います。家族も母の望みを尊重し、主治医や訪問看護師にもそのことを伝え、母の意向通りに事を進めました。また、母は「自分が死んだら、葬儀は家族葬のような簡単な形で送ってくれたらいい」とも話していたので、葬儀も近所の方と親戚縁者だけのつつましい形で執り行ないました。死に装束も、元気なときに「これがいい」と指定していました。これらのことは、ある意味で、母なりの死生観のようなものが、自身の死に方、死に場所、死に装束、葬儀などに対して、「してほしいこと、してほしくないこと」を、家族に向けて言わせたのではないかと思っています。本人からこのような申し出があると、家族としては安心して事を運ぶことができます。

介護者として困ることは、介護される人の死生観に基づいた考え方、意向が分からない場合です。かつて、在宅医療にかかわっている知り合いの医師から聞いたことですが、「本人が家で死にたいという意味には、できるだけ安らかな死を迎えたいという意味が含まれていると考えられます。在宅医療はこのようなことを実現できる場であるにもかかわらず、実際の在宅医療は病院で日常行われている医療をそのまま家で行うことを、医療者も本人も家族も望んでいることがほとんどです」ということでした。その背景には、本人や家族の死生観が明らかになっていないこともあるように思います。なぜならば、死生観は人に覚悟をもたらすものであり、行動や実践を伴うように思うからです。

たとえば、からだ全体の機能が低下し、抵抗力がなくなっている高齢者は嚥下の働きが悪くなり、食べ物や唾液を誤って気管に飲み込んで誤嚥性肺炎を起こすことがあります。そのような場合に病院で治療をすれば治ることがありますが、それを繰り返すことになるわけです。本人がそのことを了解していれば問題はありませんが、老衰で全身の機能が低下している人に、肺炎のために何度も入退院を繰り返させることは、その人を苦しめることにつながる場合もあるように思います。「医療者は延命のためには、できることはすべてやる」というのも、一つの死生観かもしれません。しかし、介護され、看取られる人の願い、希望、安楽を第一に考えるべきです。そのためにも、この世に生を享けている各人が、「してほしいこと、してほしくないこと」などを周囲に伝えられるように死生観を育んでいることが大事です。

死生観と延命

父は原発の胃がんと肺への転移があり、八二歳で、入院していた病院で亡くなりました。亡くなる二週間ほど前から、次第に食べられなくなりましたが、点滴や人工的栄養補給を一切拒否しました。家族は父の意向を受け入れることにして、主治医にもそのことをお願いしました。父は亡くなる一週間ほど前に、弟に対して「もう一切食べ物は口にしない」と話していたそうです。父は父なりに死にゆく覚悟をしており、そのような行動を取ったのだと思います。最期は痩せて骨と皮だけのような状態になりましたが、痛みを訴えることは一度もなく、とても静かに穏やかに逝きました。延命に対して、父にこのような行動を取らせたのは、父なりの死生観が背景にあったからではないかと思っています。

介護を受けている人が口から食事が摂れなくなったときに行なわれる処置として、「胃ろう」があります。すでに取り上げましたが、腹部の皮膚から胃に直接穴を開けて管を入れ、そこから栄養を注入する方法です。これに対する考え方も、人によって異なります。ある人は「口から食べられなくなるのはいのちの自然であり、胃ろうは受けたくない」と言われるかもしれません。あるいは、「少しでも長く生きていたいから、胃ろうを受けたい」と希望する人もあるでしょう。いずれもその人の死生観に基づくものです。

その人がどうしたいのかを判断したり、言えないような状態のときには、家族と医師が話し合って決めることになりますが、そのような場合にも、家族や医師によって考え方に違いが出てくるかもしれません。そのためにも、個々人が自身の死生観を育み、平生から周囲に対して自分の考え方を伝えておくことが求められます。

父や母の「自然死」「老衰死」の過程を振り返ってみると、個人的には、高齢者に対しては点滴注射や胃ろう、酸素吸入などは、本人が幸せに死ねる過程を妨害するのではないかと思います（父も母もそれらの処置はしていませんが）。ついては、老衰の過程を辿っていて、本人の意向が汲み取れないような状況下にあって、家族にその判断が託された場合には、強制人工栄養などの処置は選択しないほうがよいのではないかと思っています。お叱りを受けるかもしれませんが、自宅で介護せず、施設に預けている場合などは、それは家族の身勝手のようにも感じられます。

死生観といのちの終わり方

「父の場合」

父が亡くなる十日ほど前に、病室で父と家族が交わした会話については、第7カ条で少し取り上げました。その時の会話内容の追加になりますが、弟が父に対して、死んで行く覚悟はできているかを訊ねた後に、「今のうちに会っておきたい人はいないか」ということも聞いていました。父は「特にない。家族三人がしゃべれる間はしゃべる。これが一番よい」と言っていました。死を目前にした父と家族が、死んでいく覚悟のこと、死ぬときに傍にいてほしい人のこと、会っておきたい人のこと、死ぬ瞬間（本で読んだ身体から霊が抜け出るときの様子）のこと、死んだ後（本で読んだ自分の葬式を客観的に見るかもしれないという話）のことなどについて話題にし、時に笑顔を見せあいながら会話を交わすことができたのは、父や家族の死生観が多少は影響していたのではないかと思っています。死生観は、いのちの終わり方の在りようにも影響するようです。

「往生伝に見られる事例」

現代とは時代が離れすぎていて、適切な事例ではないかもしれませんが、わが国では平安中期以来、中世・近世に至るまで『往生伝』が編まれてきました。『往生伝』とは、理想的な信仰者はいかに生き、どのような最期を迎えるべきかを「伝記」の形で記したもので、そこには、性別・年齢を問わず、往生した多くの人たちの死に様が記録されています。その内容から、それまでの生き方や価値観が死生観としてその人の最期の在りように影響していることがわかります。「よりよい死」を考えることは、「よりよい生」を問うことに他なりません。『往生伝』に記されている事例を一つ紹介しておきます。

紀州藩士の高井清直は年齢八四歳の男性（老人）。代々武士の家柄の出であり、その人柄は正直で欲がなく、かつ真面目で普段から念仏の信心の厚い人でした。彼は八四歳の十一月十一日に軽い病にかかると、即、その日に僧を招き、葬儀の段取り、死後四九日までの供養のこと、三三回忌の供養の仕方を相談すると共に、娘には遺言をしたためました。

そして、葬儀の段取りを話し合ったその翌々日の十三日には、風呂に入って体を清め、その翌日の十四日には娘を呼んで別れを告げ、末期の水を求めています。さらにその翌日の十五日には、周囲の者に往生することを告げ、清潔な新しい衣類に着替え直し、阿弥陀像に向かって一心に念仏を唱え、周囲の者にもそれを勧めました。そして、その日の午前十時に、仏の御手と自分の手に幡を結びつけて焼香礼拝し、念仏して禅定にはいるかのように亡くなりました。闘病期間はわずか五日間、享年八四歳でした[2]。病状、病名は定かではありませんが、ほとんど看護人を必要としないような、見事な臨終・命終であったことが、その記録からうかがえます。言うまでもなく、その人の死生観がいのちの終わり方に反映しています。

往生伝に記されているさまざまな事例は、この事例のように理想的な信仰生活を送った人たちのことであり、今とは時代も異なります。しかし、性別・年齢を超えて、いかにしたら自分らしく、主体的に死を迎えられるかについて学ぶことができます。彼らは死後の世界への確信と希望を持ち、自身の気がかりを解決し、残される者への配慮までもしています。その背景には、信仰という価値観に裏づけされた死生観があったからだと思います。これらの事例から、自分らしい主体的な最期を迎えられる可能性を見ることができます。

「体験談に学ぶいのちの終わり方と死生観」

鈴木秀子さんは階段から落ちて五時間近く意識不明の状態で過ごし、その間に、いわゆる臨死体験をされた方です。その体験の直後から、病人のところに行くと、自然に手が伸びて、その人に触れながら呼吸を合わせ、静かな時を持つと、病人のどこが悪いか、どんな痛みかを自分の体で感じ取れるようになったそうです。彼女は、かつて聖心女子大学の教授をしていた方ですが、著書『死にゆく者からの言葉』には、かかわってこられた多くの方たちの生き様、死に様が綴られています。そこには「人間というものは、良くも悪くもその人の特性を生かしながら、最期までその人らしく死んでいくんですね」「人は自分が死にたいように死んでいくものですね[3]」とあります。この言葉からも、死生観はその人の死の在りようそのものに重なり、それを左右し、影響していることがわかります。

自分が望むような介護を受け、自分らしい最期を迎えるうえで死生観はとても大切です。同様に、よりよい介護や看取りを実践する側のものにとっても大切なものです。場合によっては、介護が必要になったとき、自分が望むことを周囲に伝えられないような状態が身に起きているかもしれません。そのためにも、平生から周囲に対して、自分が望むこと、望まないこと、頼みたいこと等を話しておくことも大事でしょう。普段から家族間でそれぞれの死生観に関連することがらを話題にし、共有しておくことが大切です。それぞれが自分の意向をエンディングノートに書いておくのもいいのではないでしょうか。これも死生観が具体的に示されたものであり、介護や看取りの実際に活かされます。

【引用文献】

（1）中村仁一著『大往生したけりゃ医療とかかわるな「自然死」のすすめ』幻冬舎新書、二〇一二年、七三頁。
（2）神居文彰・藤腹明子・長谷川匡俊・田宮仁著『臨終行儀 日本的ターミナル・ケアの原点』北辰堂、一九九五年、四五三〜四五四頁。
（3）鈴木秀子著『死にゆく者からの言葉』文藝春秋、一九九三年、九三頁、一六五頁。

第12カ条
介護を通じて、真の「終活」学ぶなり

テレビや雑誌などで、「終活」という言葉をよく見聞きします。母の介護を通じて、また、自分の年齢のこともあってか、この終活という言葉がとても身近なものになりました。独り身の高齢者としては、周りに迷惑をかけず、身の回りをきれいにして往くためにも、終活の実践は大事なことではないかと思っています。介護を通じて、一般に使われている終活の意味合いとは別の大切さにも気づかされました。ここでは、介護を通じて学んだ、真の「終活」に思いを馳せたいと思います。

終活とは何か

就職活動のことを略して「就活」といいますが、それと同種の造語で「終末活動」の略として「終活」というようです。この言葉は、二〇〇九年に『週刊朝日』で連載された「現代終活事情」により、広く知られるようになりました。当初は、自分の葬儀や墓について生前に準備すること、人生の終わりに向けての事前準備の意味で使われていたようですが、次第にその意味合いは変わってきているようです。現在では、今までの人生をも見つめなおし、最後まで自分らしい人生を送れるようにするための準備、活動のことも含まれています。終活の内容を、もう少し具体的に挙げれば、たとえば「自分の葬儀や墓についての生前準備」「身辺整理（財産や所有物の整理）（不用品の整理・処分）」「遺言」「遺産相続の準備」「保険に関すること」「医療や介護についての希望・要望」「エンディングノートを書くこと」「残された生活・時間を有効に送るための準備」などがあるかと思います。

終活の目的・利点

終活の概念や具体的内容から、あらためて終活の目的・利点を見てみたいと思います。終活という言葉が生まれた背景やその内容から、子供や思春期、青年期にある若い人たちを視野に入れた概念ではなく、子供も独立し定年退職を迎えた人、老年期にある人たちを対象としたものであることがわかります。もちろん、定年を迎える年齢でなくても、自分の老後についての準備をしておきたいと考える人はいるかもしれません。

いずれにせよ、終活の目的は自身の「死」を前提とした事前準備であり、今置かれている状況を客観的に見つめなおしながら、残される家族や周囲に迷惑や負担をかけず、自分らしい最期を迎えるための現実的な準備をすることではないかと思います。よって、終活の利点としては、自分が死を迎えるうえでの意思・意向を家族や周囲に伝えることができ、また、残された時間を意識することによって、今からできること、できないこと、しなければならないことなどを明らかにしてくれます。これらのことは、同時に、その人の残された生活や時間を、より充実したものにしてくれるでしょう。身辺が整理され、不要なものが処分され、また、遺産相続のことなどでトラブルを回避出来ることは、生前のみならず、死後の安心にもつながります。

終活の現状

「終活カウンセラー」「終活カウンセラー協会」「終活アドバイザー」「終活アドバイザー講座」

「終活ライフケアプランナー」「終活ライフケアプランナー養成講座」「終活フェスタ」「終活講座」「終活セミナー」「終活ノート」などの用語を目にします。終活カウンセラーの養成と資格取得を目的とした「終活カウンセラー協会」は、二〇一一年に設立されています。テレビでも終活に関する番組を目にすることもあり、二〇〇九年にこの言葉が広がって以来、終活ブームは続いているようです。では、日本において、現代人はどのくらいこの終活のことを認識し、実践しているのでしょうか。終活に関する実態調査も多く報告されています。調査主体、調査対象によっても、その結果は異なるようですが、少し紹介しておきます。

地方経済総合研究所が、熊本市内に在住する五〇歳以上の男女六二〇人を対象に実施した「終活」に関する意識調査では、「終活」という言葉を「知っている」が六五・三%、「聞いたことはあるが、詳しいことは知らない」が三一・一%、「知らない」が三・五%となっています。終活の実施に関しては、「既に行っている」が五・四%、「近いうちに始める予定」が五・五%、「予定はないが、いずれは行いたい」が六〇%です。エンディングノートについては「知っている」「聞いたことはある」と回答した人は八割近くいます。作成状況については、「既に作成している」が三・七%、「近いうちに作成する予定」が六・二%、「予定はないが、いずれは作成したい」が四三・七%となっています。(1) この結果から、終活準備をしたいと考えている人は多いようですが、実際に行動に移している人は、それほど多くないことがわかります。

楽天インサイト株式会社は、二〇一九年四月に全国の二〇代から六〇代の男女一、〇〇〇人を対象に、インターネットで「終活に関する調査」を実施しています。それによれば、「終活」という言葉を「知っている」と回答した人は全体で七九・三%、「聞いたことはあるが、よく知らない」人は一八・二%、「知らない」人は二・五%でした。また、終活の意向がある人は四〇・三%となっています。年代別に見ると、終活の意向がある人は三〇代が最も多く、四六・〇%です。これは二〇一八年の調査結果と比較すると一〇ポイント近く上昇しており、二〇代の回答者も六ポイント以上高くなっています。「家族に迷惑をかけたくないから」終活をするという考え方の若者が増えているということなのでしょうか。「終活」を始めたい年齢は「六〇代」が四割でトップとなっています。(2)

また、二〇一八年一月に実施された楽天インサイト株式会社による同調査では、終活をする意向のある人で、すでに「実施している」は一割未満の七・九%、「予定はないが、時期が来たら始めたい」が七六・五%と最も高く、「近いうちに始める予定」が一〇・二%となっています。また、実際に「遺言」または「エンディングノート」を用意しているかを聞いたところ、「用意していない」と答えた人が「遺書」は九〇・〇%、「エンディングノート」は八六・〇%で、九割弱は手をつけていない結果となっています。(3) 他の調査結果を見てみても、終活という言葉を聞いたり、知っていても、その実施率はまだ低いようです。

介護の実際からの「終活」についての学び

死生観を軸足にした「終活」を

要介護5という状態で認知症のある母を介護していて感じたことは、「母のような状態になってからでは、終活は時既に遅し」ということでした。母は元気なときに、最期は自宅で迎えたいこと、葬儀は家族葬のような形でいいこと、死に装束のことなどについては伝えていましたが、その他の終活内容に関連することは、家族で請け負うことになりました。配偶者や子供など、親族がいる家庭では、終活をしないまま介護を受け、人生を終えることになったとしても、周囲に対して、それほど迷惑や負担をかけることにはならないのかもしれません。しかし、一人暮らしや身寄りのない人たちはそうはいきません。もちろん、「どこで野垂れ死にしようが、身辺整理ができていようがいまいが構わない」というのも一つの死生観かもしれませんが、できれば、周囲に迷惑や負担をかけることは避けたいものです。

この世に生を享けた私たちは、いつか必ず死を迎えます。このことを前提にして、一度は、自分らしい最期や、最期に向けての在りようについて考えておくことは、人としての務めではないかと思います。つまり、終活の意味・内容、目的・利点などについて認識したうえで、自身の死生観に重なる終活を実践することが大事ではないかということです。

ただし、終活を始める前に認知症になったり、不慮の事故に巻き込まれ犠牲になったり、病気で突然死をすることもあり得ます。それはそれで致し方ないことかもしれませんが、そのためにも、元気なうちから、自身の死生観に基づいた終活の内容を、家族間で話し合ったり、文言で書きとどめておくことが大事だと思います。そうすれば、万が一のことがあっても、介護する側に負担をかけず、自分の希望をかなえてもらうことができます。介護する側も同様に、相手の希望に添った対応が可能となり安心できます。また、一人暮らしや、身寄りのない状態になることもあり得ます。そのためにも、周囲に迷惑や負担をかけない最期に向けての心づかいとして、終活は意味があるのではないかと思います。

認知症の場合は難しい面があるかもしれませんが、意識がはっきりしている被介護者の場合は、介護されるという体験を通じて、自らの終活に向き合い、考えさせられる機会が多くあります。介護する側も同様です。長きにわたる母の介護を通じて、介護する側の弟と私は、自分たちの終活に向き合い、話し合う機会をもつようになりました。

今の終活、何かが欠けているのではないか？

終活はその意味合いからみて、大切であることは認識しています。しかし一方では、この世に生を享けた人間として、今のような終活の在りように、若干、疑問を感じているのも事実です。先に紹介した楽天インサイトの二〇一八年の「終活に関する調査」では、終活実施者に、「終活」を通じて人生でやり残したと感じるものがあるかを聞いたところ、「趣味」が最も高く、三五・五％でした。ここでいう趣味とは、多分、楽しみとしてすることがらを指しているのだと思います。自分が何のために生きてきて、死ぬまでに何をしなければならないのか、残された人生をどう生きるべきか、ということに思いを馳せる終活において、人生でやり残したことは「趣味」である、ということに対して違和感を覚えたのです。

死生観は個々に異なるものであり、「別に趣味だっていいじゃないか」と言う人もいるでしょう。しかし、「死」はけっこう厄介な問題なのです。真っ向から対峙した際に、人はそんなに簡単に、死という恐怖の一線を超えられる存在ではないことを、多くの患者さんの看護を通じて学んできました。死を前にして、「人生でやり残したことは趣味」などとは言っておれない現実を、目の当たりにしました。やはり、自らの死生観を育み、「やり残したことはない、これでいい」と言えるような最期に向けての終活が望ましいように思います。

今では、「終活カウンセラー」という資格を持った専門家が誕生しており、また、人生のエンディングプランを一緒に考えてくれる「終活ライフケアプランナー」が養成され、連日のように「終活セミナー」などが開催されています。終活カウンセラーや終活アドバイザーは、年金、医療、介護保険、資産の管理、相続対策、遺言、老後の生活費、葬儀、墓、供養などに至るさまざまな分野の悩みを聞き、アドバイスをし、必要な場合は専門家へと繋げてくれることでしょう。もちろん、このような終活も大事なことではありますが、この世的な事務処理レベルの企画、言葉を換えれば、単にこの世の後始末や整理で終わるだけの終活であっていいのだろうか、という疑問も残るのです。

どのような状況下の最期であったとしても、「これでいい」と自身の人生を肯定し、納得して旅立つためには、死生観がとても大切だと思っています。死生観を育まずして、人生の終わりに近づいた段階で、自分が何のために生まれ、生きてきたのか、死ぬまでに何をしなければならないのかを考えるのでは遅すぎるのです。終活に取り組むに当たり、自身の死生観に思いを馳せたことがない、という人もいるかもしれません。終活はそのような人たちのことも、視野に入れたものであることが大事だと思います。自分の死に対する「心の整理」ができる内容であることも求められている、ということになるでしょうか。

本当の終活

本当の終活は、この世の後始末や整理だけではありません。心の整理も必要となります。今までの生きかたや人生に対する反省、死後、来世に対する価値観の再確認の機会でもあるのです。

死は、とても宗教的な体験です。家庭でも、学校教育でもあまり取り上げられてこなかった、宗教的、霊的ことがらにも向き合わざるを得ない体験となります。

お坊さんでスクールカウンセラーをしていた経験のある知り合いの著書の中に、このような件がありました。「死んだらどうなるんだろう?」、そんな疑問をもった子どもがいたそうです。ある日の授業で、その子が、こんなに真剣に人の話を聞いたことがなかったくらい、先生の話に耳を傾けて聞いたそうです。それは、死後の世界、黄泉の国、生まれ変わりとか呪いのこと、幽霊を見た人の話などだったそうで、クラスの子どもたちが反応を見せ始めたとき、その先生はおもむろにこう言ったそうです。

「今まで話したことは、みんな作り話です。死後の世界なんてありません。生まれ変わりも、幽霊も、ぜんぶ誰かが勝手に空想したことなんです。死んだらどうなるかなんて誰にもわかりません。でも、魂があるとか、そういうことは科学的に証明されていません。だから、死後の世界なんてないんですよ」と(4)。

科学的に証明できればそれは存在し、事実であるというのならば、死後の世界がないことを、幽霊が存在しないことを、人間には魂がないことを、科学的に証明してもらえれば、この先生の言うことを信じてもいいかと思います。科学的に証明できない世界のことは、誰かが勝手に空想したこと、と言い切ってしまうのは如何なものでしょう。「わからない」ということでいいのではないでしょうか。戦後の占領政策や戦前教育の反動から、国公立の教育現場では、いまもなおこのような先生たちの価値観に基づいた教育が行われているというのでしょうか。信仰や宗教が学校教育では取りあげられず否定される場合もあるなか、一方では、このような唯物論教育が子どもたちを洗脳しているのではないかと感じました。

このような教育を受けてきた者同士が、終活に取り組み、専門家としてアドバイスをし、されている場合も多いのではないでしょうか。本来ならば、科学的、唯物的思考と併せて、非科学的、宗教的なことも教育のなかで取り上げ、個々人がそれぞれの人生においてそれらの問題に向きあい、自分が納得する答を見いだしていけるようにすることこそ、正しい学校教育、死生観教育のあり方です。このような背景、現実をも視野に入れて終活を企画し、取り組むことが求められます。

介護・看取り・死・死後に伴う一連のことがらは、介護される者、する者双方に対して、死生観を育む機会を与えてくれます。同時に、さまざまな場面において、終活の内容に向き合わざるを得ないような状況をもたらしてくれるのです。ある意味、終活セミナーに参加しなくても、経験していくこの介護の過程こそ、真の終活になるように思います。

介護を通じて学んだ真の終活、それは「人がこの世に生を享けたときからスタートするものであり、個々人の死生観と深く重なるものである。よって、成長発達段階に応じて、家庭、学校、社会の中で少しずつ育まれていくものであり、そのうえでこそ、今行われている終活が意味あるものとなる」ということでした。

【引用文献】

(1) 公益財団法人地方経済総合研究所、「『終活』に関する意識調査〜家族に向けて準備する『終活』とは〜」、二〇一七年五月。
(2) 楽天インサイト株式会社による「終活に関する調査」結果については、二〇二〇年二月二十六日に https://insight.rakuten.co.jp/20190527/ にアクセスして引用した。
(3) 二〇一八年に実施された「終活に関する調査」結果についても、二〇二〇年二月二十六日に https://insiglit.rakuten.co.jp/report/20180215/ にアクセスして引用した。
(4) 坂井祐円著『お坊さんでスクールカウンセラー』法蔵館、二〇一八年、一七〜一八頁。

第13カ条
認知症はいのちの自然、神仏の配慮なり

「認知症にだけはなりたくない」と思っている人も多いのではないでしょうか。私もその一人です。それまでの自分とは違う自分になってしまいそうで怖いのです。それに加えて、家族に面倒を見てもらうことになったり、自分一人の生活になる可能性もあることを考えると、認知症で介護を受けなければ生きていけないような状況になることは、なんとしても避けたいと願っています。しかし、認知症は、年をとれば誰にでも起こり得る身近な症状です。すでに自身が、「アレどこだ?アレをコレするあのアレだ!」のサラリーマン川柳(二〇〇六年第二〇回4位)の世界を地で行っています。他人事ではありません。最後の13カ条では、認知症のある母の介護を実践しながら、「認知症」について学んだことを取り上げます。

「認知症」とは、どのような病気なのか?

「認知症」は病気ではないようです。さまざまな原因で、脳の細胞が減少したり、本来の働きが悪くなったりすることによって、記憶、思考、判断力などの認知機能が低下し、日常生活、社会生活、対人関係などに支障をきたす状態を総称する言葉です。たとえば、認知症になると、食事をしたことを覚えていない、日時がわからない、自分のいる場所がわからない、もの忘れをする、家族の名前がわからない、今まで使っていた電化製品の使い方がわからない、できたはずのことができなくなるなどの支障が生じます。また、暴言や徘徊などがみられることもあります。徐々に進行してくると、日常的に介護が必要な状態になります。

認知症を引き起す病気はいろいろありますが、代表的なものには、脳の神経細胞が死んで萎縮するアルツハイマー型、脳梗塞や脳出血などによる脳血管性認知症、その他の原因で起こる認知症が挙げられます。知り合いにピック病を患っている人がいます。この病気の原因は不明ですが、脳のなかの前頭葉と側頭葉の神経細胞が壊れていくことによって起こる、性格の変化や理解不可能な行動を特徴とする認知症の一つです。ピック病は、その他の原因で起こる認知症の一つです。日本ではアルツハイマー型認知症が多く、老年期の認知症では約八〇%がアルツハイマー型ではないかともいわれています。

このように認知症の原因疾患はひとつではありませんが、認知症には先に述べたようないくつかの症状が出現します。少し専門的になりますが、記憶障害、見当識障害、判断力の低下、失行（意志的な行為がうまくできない）、失認（対象の事物を認識できない状態）、失語（言葉を忘れたり正しくいえない）などの基本的な症状は、中核症状と呼ばれ、認知症では常に出現する症状です。また、認知症すべての人に出現する症状ではありませんが、幻覚、妄想、抑うつ、意識低下、徘徊、興奮、睡眠障害などの症状は周辺症状と呼ばれています。認知症が進み末期になると、人格に変化が現れたり、ものを言わなくなったり、動かなくなるようなことが出現してくるようです。

認知症の治療については、現在のところ、完全に治す方法はないようです。しかし、薬物療法や、適切なケアによって進行を遅らせたり、症状を軽減できる場合があります。薬物療法で主に使われているのは、抗認知症薬です。アルツハイマー型認知症は、この薬でその進行を遅らせることが可能なようです。また、暴言、興奮、徘徊などが烈しい場合には、抗精神病薬などが使用されています。認知症には根本的な治療法がないとしても、認知症という状態を十分に理解したうえで、相手に敬意を払いつつ、声をかけ、共に時間を共有し、日常生活を送ることが、何よりも大切な対処法ではないかと思います。

認知症の実態

「ぼけ」や「痴呆」に変わり、今では「認知症」という言葉が定着しています。認知症は高齢になればなるほど、発症する危険性は高まります。特別なことではなく、自然に起きてくる変化なのかもしれません。では、現代の日本において、認知症の人はどれくらいいるのでしょうか。認知症の高齢者は平成二十七年時点で約五二〇万人。団塊の世代（昭和二十二年〜二十四年生まれ）が七五歳以上の後期高齢者となる令和七（二〇二五）年に、六五歳以上の五人に一人に当たる約七〇〇万人に達すると推計されています。

また、世界の認知症患者は二〇一五年の四六八〇万人から二〇三〇年には七四七〇万人、二〇五〇年には一億三一五〇万人に増加すると推計されています（国際アルツハイマー病協会が二〇一五年に発表した資料による）。認知症は今や国を超えた課題となっているようです。

認知症のある母の介護を通じて学んだこと

母の介護を通じて感じたことは、認知症の人をはじめて介護する人は、多少、戸惑われるだろうな、ということです。認知症という状態を目の当たりにしつつ、身をもって体験し、学習しました。介護の過程を通じて次第にその状況を受け入れ、母との時間を共有できたように思います。認知症の症状は人それぞれであり、母を通して体験し、観察したことは他の認知症の方には該当しないものも多いかもしれません。亡くなった母の症状を活字にすることについては、申し訳なさもあり決心がつきかねたのですが、少しでも認知症の一端とその症状を理解していただくために、あえて取り上げることにしました。

母の認知症の経過

母は九六歳で亡くなりましたが、九十歳になった頃から認知症の症状が強くなってきたように思います。最初は、認知機能障害である記憶や記銘力障害、見当識障害が見られました。たとえば、朝ごはんを食べたのに覚えていない、ポータブルトイレの蓋を開けないまま坐ってしまう、薬を飲んだのに忘れてしまう、日時や曜日が出てこない、などです。さらに、亡くなっている自分の母親や夫の命日が言えなかったり、自分の居る場所がわからなかったりということもありました。これらは、多くの認知症の人に見られるいわゆる中核症状といわれるものです。

そして徐々に、認知症の周辺症状といわれている妄想、幻覚、せん妄、幻聴、興奮、暴力などの症状も見られるようになりました。たとえば「今、玄関に〇〇さんが来ているから見てきて」「〇〇さんが、隣の部屋にいるから食事を出してあげて」「宇宙にいるお父さんに電話をかけて」

「小さな子どもが部屋に来ている」などです。また、こちらの介護の仕方が気に入らなかったり、自分の要望が通らないときには、介護する者を叩いたり、手をつねったり、声を荒げて罵倒したり、暴言を吐くこともありました。眠剤や安定剤を本人に渡さないと声を荒げて怒り、「死んでもずっと呪ってやるから」とか、「毎晩化けて出る」などと言うこともありました。認知症がそう言わせているのだと思いつつも切なくて涙が出ることもありました。深夜、介護している最中に大声で「殺される」と叫ばれたときには、思わず近所に聞こえないように母の口にタオルを当てたこともあります。また、本人の質問に答えても、同じ質問を繰り返し続けるということがありました。

九四歳になった頃からは、先に述べたようないわゆる周辺症状というものは見られなくなり、独り言をいいながら、ニコニコして穏やかな表情をしていることが多くなりました。時に、家族である息子や娘のことがわからず「あなたは誰?」ということも、何度かありました。また、九五歳の誕生日に、「お母さんお誕生日おめでとう。お母さんの生まれたのはいつだったっけ?」と聞くと、正確に生年月日を言えたのですが、年を訊ねると、はっきりと「二十八歳」と答えました。母にとっての二十八歳は、印象に残る年だったのかもしれません。家族の誕生日についても、わからないようでした。

睡眠障害も認知症の周辺症状のひとつといわれていますが、母の場合は、中年期以降、ずっと不眠に悩まされ眠剤を服用し続けていました。逆に、この頃から、眠剤や安定剤を必要としなくなりました。日によっては、こんこんと眠り続け、目が覚めても言葉を発せず、問いかけても目の焦点が定まらずあらぬ方向を見ているときもありました。そのような日と、比較的意識がはっきりしていて家族との会話ができる日が、交互におとずれました。本来の母と、そうでない母の日が、繰り返されていたように思います。

認知症に伴うこのような症状に対して、最初は戸惑いましたが、次第に適応できるようになりました。そのためには、介護する側に認知症に対する理解が求められます。母が身をもって体験している認知症という状態、つまり記憶、判断力、見当識、言語、失行、失認などに関係する能力が、どのようにそこなわれているのかを理解することによって、認知症の母を受け入れ、今までと同様に日常生活を送ることができるようになりました。それは、母にストレスを与えないためだけではなく、介護する側のストレスの軽減にもつながったように思います。

ところで、認知症の症状として、「徘徊」のことがよく取り上げられます。母は、若い頃から外に出かけることを好まない人でした。そのこととは関係ないのかもしれませんが、介護が必要になってから徘徊したことは一度もありません。もちろん、介護認定を受けてから、一人では不安定で歩けない状態ではありましたが…。ところで、二〇一八年には、認知症が原因による徘徊などで行方不明になったとして、警察に届け出があった数は一万六九二七件となっています。一日当たり四六件ということになります。認知症の高齢者はますます増える傾向にあり、認知症の行方不明者問題は、さらに深刻な問題になるものと思われます。

認知症はいのちの自然、神仏の配慮

岡部健先生は、講演で「認知症を病気だと思うことは間違いであり、自然で起こること。認知症は、つらい気持ちから解放される過程であり、自然に考えれば穏やかに亡くなる一部として認知症を考えることもできること。体の機能と同じように脳機能も衰えていく自然の現象とも考えられること。心と体のバランスが維持されながら同じようにだんだんと衰えてくれれば、人間の寿命としてはよい感じである」ということを話しておられます[1]。

認知症は生命の自然の過程である、と受け止めていいかと思います。母の介護を通じて、このことに共感し、実感しました。認知症は、生命・人生の最終期における自然な一過程であり、老衰の一過程でもあるように見えました。ただし、老年期でなくても、病気で認知症になったり、逆に、最期まで認知機能や知力の衰えが見られない人もいますが、母を看ていて、認知症は病気ではなく、年と共に誰にでも起こり得る生命の自然な変化・変調の過程である、と感じました。

認知症はある意味、いろんな苦痛から解放してくれる？

母の認知症がそれほど進んでいない要介護3と認定されていたときは、排泄に伴う介助にしても、弟ではなく、女性である私を呼んで世話を頼んでいました。母なりの羞恥、配慮があったのだと思います。排泄を含め、身の回りの世話を子供たちにさせることについては、母なりの精神的苦痛があったのではないかと思います。

認知症が次第に進んでくると、排泄の世話に対する弟と私への区別もなくなってきたようです。また、おむつが濡れていても、便が出ていても、自ら訴えることもなくなりました。浣腸をしても、摘便をしても、何の反応もみられないことが多くなりました。また、「お母さん、お腹すいた？ ご飯を食べる？」と声がけをしただけで、反射的に口を開けることも多くなりました。お粥の入ったスプーンを口元にもっていくと、同様に反射的に口を開けて食べましたが、いらないときは、食べたものをペッと吐き出すこともありました。朝、「お母さん、おはよう」と言うと、「にこっ」と笑顔を見せることがありました。子供を育てた経験はありませんが、母は赤ん坊に近い状態にあったのではないかと思います。日々、母であって母ではないような、母でないようでもやはり母である、という不思議な感覚を味わいました。

そのような状態の母にわが身を置き換えて考えてみたことがあります。もしも、母のように介護が必要な状態となり、食べること、排泄すること、着替えること、体を動かすことなど、誰かにすべてを委ねなければ生きていけないとしたら、認知機能に障害がない状態では耐えられないかもしれないな、と感じました。介護を受ける際に感じる切なさ、哀しさ、申し訳なさ、恥ずかしさ、情けなさなどの感情は、まさに精神的苦痛に重なるように思います。しかし、母のように認知症を伴っていれば、そのような苦痛に苛まれることなく、介護を受け、最期まで生きていけるかもしれない、と。また、母は体の向きを変えたり、浣腸や摘便をしていても、抵抗したり、訴えることはなく、身体的な苦痛もあまり感じていないようにみえました。発熱していたときなども「しんどくない?」と聞いても、首を横にふります。このようなことから、高齢者にとっての認知症は、いろんな苦痛から解放してくれることがあるようにも感じました。

介護する側も心理的、身体的苦痛から解放される

先に述べたような母の状態を見ていると、介護する側も精神的な苦痛から解放されたように思います。母が苦痛を訴え、顔をゆがめるようなことが多くあれば、介護する側も辛いからです。母が穏やかであり、抵抗する様子もなく介護を受け入れてくれる状況は、介護する側の心理的苦痛を軽減してくれました。また、介護する側が主体的、能動的、計画的に観察をし、介護を実践できたため、精神的のみならず、身体的にも余裕を持つことができたように思います。母の認知

症は、介護する側をも、身体的、心理的、精神的苦痛から解放してくれました。ただし、母のような認知症の症状が、誰にでも当てはまるものだとはいえません。

ブッダの教えと母の認知症

人生において楽しく、うれしく、喜ばしいこともそれらが壊れると「苦」となります。すべてのものは時々刻々と変化し、生滅変化を免れえません。私たちの肉体も同様です。仏教では、「苦」を、「苦苦《くく》」「壊苦《えく》」「行苦《ぎょうく》」の三苦としてあげています。「苦苦」は、主として寒さ、暑さ、飢え、渇き、痛みなどの肉体的苦痛のことです。「壊苦」は、今まで保っていたある状態が壊れるときに感じる苦しみのことです。脳出血のために半身不随を余儀なくされたり、交通事故で脊髄を損傷し、車椅子生活を強いられる場合などに伴う苦しみは壊苦に入るかと思います。肉親の死、会社の倒産、離婚などに伴う苦しみも、壊苦ととらえることができるでしょう。認知症も、脳細胞の萎縮や減少などに伴うものであると考えるなら、それに伴う苦しみは「壊苦」といえるかもしれません。最後の「行苦」とは、簡単にいえば、移ろい、変化していくことに対する苦しみのことであり、その変化におそれおののく不安、苦しみ、苦悩であると考えられます。人生において、苦でないものはないということになります。人間存在と苦を切り離して考えられないとするならば、「認知症」やそれに伴う苦も、素直に受け入れ肯定したいと思います。

経典『スッタニパータ』には次のような言葉があります。これらの教えを認知症に合わせて考えることについては、仏教の専門家からお叱りを受けることでしょう。しかし、認知症のある母の様子や状態は、この教えに重なりました。

「死ぬよりも前に、妄執を離れ、過去にこだわることなく、現在においてもくよくよと思いめぐらすことがないならば、かれは（未来に関しても）特に思いわずらうことがない」（八四九偈）

「未来を願い求めることなく、過去を思い出して憂《うれ》えることもない。〔現在〕感官で触れる諸々の対象について遠ざかり離れることを観じ、諸々の偏見に誘われることがない」（八五一偈）

「（貪欲《とんよく》などから）遠ざかり、偽《いつわ》ることなく、貪《むさぼ》り求めることなく、慳《ものおし》みせず、傲慢《ごうまん》にならず、嫌《きら》われず、両舌《かげぐち》を事としない」（八五二偈）

「諸々の欲望を顧慮することのない人、――かれこそ〈平安なる者〉である、とわたくしは説く。かれには縛めの結び目は存在しない。かれはすでに執著を渡り了《お》えた」（八五七偈）

「かれは世間において〈わがもの〉という所有がない。また無所有を嘆くこともない。かれは〈欲望に促されて〉、諸々の事物に赴《おもむ》くこともない。かれは実に〈平安なる者〉と呼ばれる」（八六一偈）

これらの教えは、どのような戒律をたもつ人が「安らかである」と言われるのか、その最上の人のことについて、ブッダが説かれたものとして示されている内容の一部です。そのような最上の人に、認知症の母を重ねることなど、論外なことかもしれません。しかし、認知症の母は、死に向かう老衰の過程において、まさに、この教えにあるような状態で存在し、生活していました。そのような意味合いにおいても、認知症はいのちの自然、神仏の配慮であると受け止めたいと思っています。

【引用文献】

（１）『故岡部 健先生 追悼緊急シンポジウム報告集「医師 岡部 健が最後に語ったこと」』、心の相談室発行、二〇一四年三月、六六頁。

あとがき

講談師、田辺鶴瑛さんは認知症のお義父さんを六年にわたり介護して看取ったそうです。もともと折り合いが悪く、お義父さんのことが大嫌いだったようで介護の過程で一度、手拭いでたたいたこともあるそうですが、本音の介護の果てに、「大嫌いだった義父を大好きになった。私自身も変わった」と言っておられます（二〇一六年十月十五日・産経新聞）。大嫌いだった人を大好きになるのは難しい気もしますが、介護を通じて、嫌いだった人を嫌いだとは思わなくなる、愛しくなる、ということを、私も母の介護を通じて実体験しました。

団塊の世代である私は、小さいころから家族間での「ハグ」や「キス」などという行為を経験したことがなく、これらのことばを口にすることすら気恥ずかしさを覚える始末です。もちろん幼児期には両親からその類の行為を受けていたのかもしれませんが、物心ついてからは記憶にありません。そのような私が、介護を通じて認知症のある母のことを愛おしく感じ、初めて母の額に口づけをしました。母の就寝前に排泄の世話をし、寝衣や身体の向きを整え、「お母さんおやすみ」と言った後、思わず母を愛おしく感じ、母の額に口づけをしていたのです。亡くなるまでの間、何度、母を抱き、背を擦ったかしれません。嫌いな人には、できる行為ではないと思います。介護を通じて、田辺さんと同じような経験をさせてもらいました。

介護期間が長くなると、相手に対していつもニコニコして、優しいことばをかけ、接することはできません。しかし、介護という行為は、嫌いだった人を愛おしい存在に、大嫌いだった人を大好きにしてくれる可能性を秘めています。もちろん、誰もがそうなるとは限りませんが、その可能性があるということは、素敵なことではないでしょうか。ただし、その逆の場合もあるでしょう。いずれにしても、介護は人生におけるかけがえのない「修行」であることは事実です。

介護における苦労や試練を経験すると、人は他者に対してやさしくなれるような気がします。また、介護は自らの死生観を育んでくれるようにも思います。いつか自分が介護される立場になったとき、してほしいことと、してほしくないことをきちんと相手に伝えることができ、また、相手の介護に対して、こころからの「ありがとう」を言える自分でありたいと願っています。本書が、少しでも家族介護を実践する方のお役に立てばうれしく思います。

なお、本著には、拙著『死を迎える日のための心得と作法17カ条』（青海社）の内容と重なる部分があることをお断りしておきます。

二〇二〇年六月　湖国木之本の寓居にて　藤腹　明子

藤腹 明子（ふじはら あきこ）
1947年、滋賀県生まれ。国立京都病院附属高等看護学院、佛教大学文学部佛教学科卒業。元・飯田女子短期大学看護学科教授。日本仏教看護・ビハーラ学会の設立にかかわる。著書に『看取りの心得と作法17カ条』『死を迎える日のための心得と作法17カ条』『仏教看護入門』（いずれも青海社）、『仏教と看護』『仏教看護の実際』（いずれも三輪書店）などがある。

母に学ぶ 家族介護の心得と作法13カ条

発　行　2020年8月4日　第1版第1刷 ©
著　者　藤腹　明子
発行者　工藤　良治
発行所　株式会社青海社
〒113-0031 東京都文京区根津1-4-4 河内ビル
☎ 03-5832-6171　FAX 03-5832-6172
装　幀　藤腹　守男
印刷所　モリモト印刷株式会社

ISBN 978-4-902249-96-5　C 0047